COME SVILUPPARE UNA STRATEGIA DI TRADING REDDITIZIA

Perché Dovreste Fare il Contrario di Ciò che la Maggior Parte dei Trader Cerca di Fare

HEIKIN ASHI TRADER

Come sviluppare una Strategia di Trading Redditizia

Perché Dovreste Fare il Contrario di Ciò che la Maggior Parte dei Trader Cerca di Fare

tradotto dall'originale tedesco

Heikin Ashi Trader

Sommario

Parte 1: Fate il Contrario di Ciò che la Maggior Parte dei Trader Cerca di Fare!

1. Cosa Possono Imparare i Trader dai Sistemi Automatici di Trading

I trader si muovono sul mercato azionario al fine di raccogliere punti, tic e pips. Il più possibile e il più velocemente possibile. Tutto il resto è un passatempo e un'inutile analisi. Quindi, gli operatori hanno bisogno di un metodo, un sistema che faccia esattamente questo: accumulare piccoli profitti in modo permanente, aggiungendo alla fine un notevole vantaggio sul loro conto.

Il trading non è l'analisi dei mercati finanziari e il cercare di prevedere i prezzi futuri. Solitamente, la maggior parte dei trader fallisce con questo tipo di approccio. Gli operatori vogliono capire il mercato. La mia esperienza è che non si può comprendere il comportamento dei mercati finanziari. Ci sono troppi attori con differenti intenzioni che fanno trading nello stesso momento spingendo il prezzo arbitrariamente avanti e indietro.

Pertanto, il primo passo verso il successo arriva con l'intuizione che gli operatori non possono comprendere a fondo il comportamento del mercato. Di conseguenza, essi non possono analizzarlo né certamente prevederlo. So che un esercito di analisti ricerca continuamente di realizzare questa impresa, ma si limita però a soddisfare le esigenze di spiegazioni del pubblico, sia di carattere fondamentale che tecnica.

Questi modelli esplicativi possono funzionare per un po', ma alla fine arriverà il momento in cui tali modelli inizieranno a generare perdite. Il risultato è, ovviamente, che il trader si sentirà frustrato e cercherà di analizzare nuovamente i suoi vecchi trade (ancora!). D'altra parte, peggio ancora, cercherà di ottimizzare il suo sistema.

Nel peggiore dei casi, andrà alla ricerca di una nuova strategia da cui spera di ottenere finalmente il successo desiderato. Molti trader entrano in questa spirale di ricerca della strategia perfetta. Più volte ripongono le loro speranze in qualcosa di nuovo. E poi spesso finiscono per essere delusi ancora una volta. Anche se potrebbero avere successo di tanto in tanto, un nuovo evento sfortunato li colpirà presto.

La maggior parte dei mercati finanziari che conosco sono così efficienti che sembra quasi impossibile riuscire a batterli. Essi costringono l'operatore ad arrendersi. Di conseguenza, molti operatori rinunciano e tendono a diffondere la voce secondo la quale non è possibile fare soldi sul mercato azionario.

Anche io ho seguito questo doloroso percorso e sono stato molto vicino a rinunciare. È solo quando ho iniziato ad osservare i sistemi di trading automatico che ho cominciato a guardare il trading sotto ad una luce molto diversa. Dopo anni di tentativi invano volti ad ottenere un buon metodo di trading attraverso l'analisi tecnica, ora ho imparato un modo molto più sobrio di rivolgermi alle operazioni di borsa.

Se avete paura che tutto questo sia eccessivo, vi chiedo solo un po' di fiducia e di pazienza. Non c'è bisogno di trasformare il vostro trading in automatico. Non è lo scopo di questo libro. Vorrei solo utilizzare un paio di esempi concreti per dimostrare quello che ho imparato dal trading automatico. Inoltre, la mia speranza è che avrete anche la possibilità di guardare il trading in un modo completamente diverso.

Al giorno d'oggi, esistono numerose piattaforme di trading, che permettono anche ai non professionisti di eseguire semplici back test. Un back test è un metodo con il quale l'operatore può controllare una certa idea di trading per la sua robustezza. Con questo software, si può eseguire un test a ritroso diretto. L'esito mostra in pochi secondi come l'operatore sarebbe stato tagliato fuori se avesse utilizzato questa idea di trading negli ultimi anni.

Egli non solo ottiene i risultati di migliaia di trade simulati al computer, bensì anche un'analisi statistica approfondita di questo test. I dati mostrano in dettaglio se vale effettivamente ancora la pena di utilizzare questa idea di trading. Spero che sia ovvio che un'idea di trading che non ha funzionato negli ultimi dieci anni, probabilmente non funzionerà neanche nei prossimi dieci (anche se ci sono le eccezioni).

Se, invece, l'operatore ha un'idea che ha funzionato molto bene negli ultimi dieci anni, ci sono buone possibilità di replicare lo stesso risultato nei prossimi dieci anni. Non esiste certo una chiara garanzia, ma le probabilità sono comunque migliori se il back test è positivo.

Avere tali informazioni è molto importante per me prima di iniziare a lavorare con una strategia di trading. Se il trader sa nero su bianco che ha una strategia stabile e di successo, egli sarà in grado di operare con più fiducia. Questo è ovviamente particolarmente importante quando le cose non vanno così bene. Inoltre, tali periodi si verificano - come tutti sappiamo - più volte.

Per questo motivo, vorrei incoraggiare quei lettori che non hanno (ancora) acquisito familiarità con i sistemi di trading automatici di provarli. Posso assicurare loro che ne vale la pena. Anch'io, per lungo tempo, mi sono opposto a questi sistemi. In primo luogo, perché io non sono particolarmente abile in matematica. In secondo luogo, perché non capisco molto di software e sono veramente contento quando i programmi vengono installati sul mio PC, senza intoppi. Penso che questo sia vero per la maggior parte delle persone.

Tuttavia, ho sbagliato ad evitare di operare con i sistemi di trading automatici, perché mi sono così state negate numerose importanti intuizioni sul modo in cui il trading ha veramente funzionato. Sarei stato troppo felice di avere tali dati a disposizione quando ho iniziato a fare scalping 15 anni fa. La mia carriera di trading sarebbe stata diversa, e la curva di apprendimento molto più veloce.

In aggiunta, al giorno d'oggi ci sono ottimi programmi disponibili anche per i dilettanti. È infatti possibile testare alcune strategie senza avere alcuna conoscenza di programmazione. Nulla impedisce l'uso del trading automatico, anche se non si ha intenzione di affidare soldi veri ad un programma.

Inoltre, qualora non dovesse funzionare, il vostro broker è a vostra disposizione per aiutarvi. Non dimenticate: il compito di un broker è quello di sostenervi per farvi operare nel modo migliore. Dopo tutto, è così che guadagna i suoi soldi. I dipendenti dell'azienda del broker saranno lieti di aiutarvi, in caso aveste problemi con un back test o con la formazione di un modello. Ho utilizzato i servizi del mio broker più volte a questo proposito, e lui mi ha sempre aiutato generosamente e gratuitamente. Ogni volta, ho imparato qualcosa di nuovo sul trading automatico.

Sarebbe ancora meglio, naturalmente, se aveste qualcuno nella vostra cerchia di conoscenze con una certa familiarità con tali programmi. Se conoscete una di queste persone, vi consiglio di invitarla a cena o a fare qualcosa di piacevole. Ne vale la pena. In alternativa, è possibile ovviamente iscriversi ad un club di trader o ad un gruppo Internet che si occupa di questo tema. Questi argomenti sono discussi in dettaglio in innumerevoli forum. Troverete veri professionisti qua e là, che saranno lieti di aiutarvi se avrete domande.

Come ho detto prima, non sono certo qui per convincervi dei vantaggi dei sistemi di trading automatizzati. Esistono anche gli svantaggi. È comunque possibile inserire i vostri trade manualmente e decidere quando si desidera fare trading o no. Vorrei semplicemente sottolineare i vantaggi che l'impegno con il trading automatico porta con sé anche per il cosiddetto "trader manuale".

Il trader che gestisce la sua attività di trading vera e propria manualmente, può imparare da una quantità infinita di operatori che fanno trading automaticamente. Ad esempio, si può imparare a pensare al trading in un modo molto più oggettivo e quindi agire in modo più razionale. Soprattutto, si potrebbe imparare meno "come funzionano i mercati", ma di più e meglio "come funziona il trading!" Il lettore saprà immediatamente capire cosa intendo proseguendo nella lettura.

2. Fate il Contrario di Ciò che Trovate nei Libri di Trading

Il successo in qualsiasi attività commerciale si verifica spesso quando si fa il contrario di ciò che la maggioranza sta facendo. La questione parla da sé. Tuttavia, la maggior parte dei trader che conosco agiscono contro questa massima. Essi vogliono sentirsi dire dai cosiddetti "trader di successo" quello che dovrebbero fare. Poi cercano di imitare le strategie oppure provano ad operare allo stesso modo dei "trader di successo". Solitamente, non ottengono certo il successo desiderato.

Passiamo ora ad osservare alcune raccomandazioni provenienti dalla classica letteratura di trading e facciamo esattamente l'opposto di quello che suggeriscono questi consigli pieni di buone intenzioni. Non sto dicendo che il lettore dovrebbe comportarsi allo stesso modo. Io stesso non fornisco raccomandazioni in ogni caso. Ognuno è responsabile del proprio trading e della propria fortuna. Tuttavia, mi auguro che grazie a questo esperimento mentale il lettore otterrà nuove idee. Forse gli permetterà di guardare alla propria attività di trading in modo diverso.

Asserzione 1: Tagliate le Perdite e Lasciate Correre i Profitti

La prima affermazione o la classica raccomandazione che vorrei farvi è: "tagliate le perdite e lasciate correre i profitti". Ogni trader conosce bene questa massima. La si può trovare come un mantra in quasi ogni libro sul trading. A prima vista, non c'è molto da dire contro questa frase. Certamente ha senso per tutti il fatto che al fine di fare soldi in borsa un operatore deve perdere il meno possibile e, ancora, assolutamente il meno possibile.

Tuttavia, ho messo questa frase in questione, in particolare quando si tratta di trading a breve termine o giornaliero. Se si guarda al background di quanto detto, ci si accorge che viene da un settore molto specifico, vale a dire da quello dei trend follower. I seguaci del trend sono trader la cui filosofia è quella di vedere sempre le azioni ed i mercati a lungo termine o i trend a medio-lungo termine.

Di conseguenza, questi operatori cercheranno di seguire il trend. Se, per dirla semplicemente, identificano un trend in un'azione o in un mercato, allora compreranno. Poi cercheranno di stare in quel mercato a lungo finché il loro sistema segnalerà che il trend è finito. Una volta che sono in un trend corretto, essi guadagnano, naturalmente. Questo è il motivo per cui si dice: lasciate correre i profitti. Pertanto, essi seguono il trend finché esiste: un chiaro comportamento razionale.

Sfortunatamente, questo metodo non sempre funziona. A volte, un trend follower acquista in un mercato che si è spostato in una certa direzione ma che poi smette di muoversi. Il trader ha una posizione, ma questo non gli darà alcun profitto. Egli non perde nulla, ma neanche vince nulla. Ha semplicemente perso il suo tempo.

Inoltre, accade proprio il contrario di ciò che il trend follower spera che accada. Non appena egli acquista, il mercato gira, e la posizione comincia a perdere soldi. Ecco perché la prima parte della raccomandazione è di limitare le perdite. Appena una posizione va in perdita, il trend follower deve chiuderla e portare a casa la più piccola perdita possibile. Deve quindi essere disposto a sopportare ripetutamente piccole perdite.

Non è affatto ovvio che il mercato vada nella direzione desiderata nel momento in cui il trader effettua una compravendita. Questo caso rappresenta più di un'eccezione. La regola di conseguenza è che si va prima nella direzione indesiderata. La difficoltà, naturalmente, è quella di determinare se l'operatore si limita a fare una correzione temporanea alla quale non dovrebbe essere prestata molta attenzione, o se questo è l'inizio di una svolta reale nel mercato. Non importa quale di questi casi si verifichi, la regola dice: tagliate le perdite. Pertanto, il trend follower deve chiudere la posizione, indipendentemente dalla correttezza della sua valutazione.

Secondo la mia esperienza, solo un piccolo gruppo di persone riesce a mantenere una disciplina così forte. Sebbene la raccomandazione si basi sulla corretta osservazione e sull'esperienza, è comunque difficile da realizzare. Questo è anche il motivo per cui molti trend follower hanno completamente automatizzato il loro sistema. Il computer decide quando comprare e vendere.

Per quanto importante e corretta sia questa regola per i trend follower, è di scarsa utilità nel trading giornaliero o nel trading a breve termine. Dal momento che il trading giornaliero è solitamente eseguito su un conto che sfrutta l'effetto leva, il trend following è raramente utile a questo punto. Se avete intenzione di rimanere settimane o forse mesi in un trade, i costi che il broker vi addebiterà non saranno affatto ragionevoli in rapporto al profitto.

I problemi nel trading giornaliero, che sto tuttora costantemente scoprendo, sono spesso il risultato del fatto che la maggior parte dei trader hanno purtroppo preso in prestito la loro filosofia di trading dai trend follower. Pertanto, essi cercano di massimizzare i profitti e minimizzare le perdite. Questo suona logico o razionale, ma è difficile da attuare nel trading di giornata.

Se si studiano i grafici intraday, si osserverà proprio questo. Spesso, il mercato csi muove lateralmente per alcune ore in un intervallo ristretto, e poi esplode verso l'alto o verso il basso. Questo accade di solito dopo la pubblicazione di dati economici rilevanti. Si può vedere chiaramente che i partecipanti al mercato sono solo in attesa di tali dati. Tuttavia, poiché la direzione in cui si verifica il movimento è ovviamente difficile da prevedere, anche la direzione del prezzo basato sull'analisi lo è.

Molti trader si rendono anche conto che pur avendo valutato correttamente la direzione del mercato continuano a perdere la loro posizione, perché il mercato si muove inizialmente nella direzione opposta facendo fuori gli stop. Questo accade perché gli stop sono posizionati molto vicino all'azione di mercato, cercando di "limitare le perdite", secondo il mantra dei trend follower. Alla fine, i molti trade in perdita si accumulano, e i pochi trade in profitto non sono grandi abbastanza da trasformarsi in un profitto alla fine della settimana.

Asserzione 2: Cercate di Raggiungere un Buon Rapporto di Rischio Rendimento

La filosofia del trend follower è più evidente quando si tratta del rapporto rischio rendimento (RRR). Si tratta di un numero che dice quanto un operatore può (o dovrebbe) rischiare cercando di ottenere un certo profitto. Il buon trading, secondo il mantra ripetuto della maggior parte dei guru del trading, si ottiene con RRR alti. Pertanto, si può spesso notare che è richiesto un RRR di 1: 2 o addirittura 1: 3 per il trading a breve termine.

In particolare, questo significa che se il trader rischia 50 tic o pips (distanza dello stop dal prezzo d'entrata), il target di prezzo dovrebbe essere di almeno 100 tic o pips. Ad esempio, se si acquista il Future Dow Jones ad un prezzo di 18.000 punti e si mette uno stop protettivo di 50 punti inferiore a 17.950, l'obiettivo dovrà essere di almeno 18.100 punti.

Ciò significa che un trader che ha comprato il Dow a 18.000 punti dovrà sperare che salga effettivamente a 18.100 punti nel corso delle ore seguenti. Forse succederà davvero. La realtà, tuttavia, è spesso che prima il buon vecchio Dow favorisca l'operatore in questo modo, prima scenderà di nuovo a 17.950 punti colpendo gli stopo e buttandoli fuori dal mercato. Il Dow non lo fa solo per infastidire il trader. Lo fa perché semplicemente è così che funzionano i mercati. Il mercato tende a ingannare le aspettative del trader.

Per quanto i requisiti dei rapporti di rischio rendimento di molti guru del trading siano logici e matematicamente corretti, la realtà sembra molto diversa se il trader cerca di operare in questo modo. Non è facile ottenere un rendimento di 100 pips o punti con un rischio di 50 pips o 50 punti, per quanto sia desiderabile. Diventa ancora più difficile, ovviamente, se i guru chiedono RRR di 1: 3 o anche superiori. Qui è necessario un tocco di magia per avere successo.

Asserzione 3: É Sufficiente un Tasso di Successo del 33,33%

Se l'operatore volesse ottenere il rendimento non proprio immodesto di 100 punti di profitto con un rischio di 50 punti, avrebbe semplicemente bisogno di un tasso di successo di poco più del 33,33% per fare trading con profitto. Solo il 34% dei suoi trade deve raggiungere il target di prezzo in modo che egli possa operare con profitto. Almeno, questo è ciò che ci dice la matematica e sembra un requisito ragionevole. Inoltre, tutti coloro che si confrontano con questa idea per la prima volta pensano: "Beh, posso ottenere il 33,33%! Allora posso fare ancora meglio!"

La realtà del trading è purtroppo molto diversa. Gli operatori che entrano nel mercato con tali premesse sono spesso esposti a una mancanza di volatilità. Il risultato è che il prezzo obiettivo indicato di 100 pips o 100 punti non viene raggiunto per niente (figuriamoci poi 150 pips). Lo stop, che si trova solamente a 50 punti dal prezzo di entrata, è comunque possibile da raggiungere. Il risultato è che l'equazione semplicemente non funziona. Matematicamente, è corretta, ma è difficile da mettere in pratica. Inoltre, per inciso, non importa se il trader lavora con un rapporto di 30 - 60 o 20 - 40, le difficoltà rimangono le stesse.

Il problema con questo tipo di trading è, a mio parere, la necessità di prestare attenzione alla premessa precedente, che ha origine dalla massima già citata "tagliare le perdite e lasciar correre i profitti". A prima vista, questa raccomandazione sembra ragionevole e razionale, ma non è pratica nella realtà di tutti i giorni per quanto riguarda il trading a breve termine.

Pertanto, è chiaro che l'errore non è dovuto alla disciplina del professionista (come spesso asserito) ma semplicemente al metodo sbagliato. Vorrei anche andare oltre e affermare che ciò è dovuto alla filosofia di trading errata. Per quanto "tagliare le perdite e lasciar correre i profitti" sia corretto per i trend follower, questo consiglio si rivela inutile quando si tratta di trading a breve termine.

Inoltre, la mia raccomandazione in questo libro è il contrario di ciò che viene raccomandato ai trend follower. Il mio suggerimento per il trading intraday è in realtà: mantenete i profitti più piccoli possibile e assumetevi le grandi perdite. Per quanto sembri una raccomandazione assurda a molte persone, essa è molto efficace quando si prova a testare approfonditamente la strategia e a rilevarne i risultati.

La mia raccomandazione per quanto riguarda il trading intraday è quella di cercare di fare trading come uno scalper. Pertanto, preferisco realizzare in modo permanente piccoli profitti ma non lavorare con gli stop stretti. Se il trader giornaliero opera con stop ravvicinati, noterà che la sua posizione verrà costantemente sbattuta fuori dal mercato. Ciò è dovuto alla natura stessa dei mercati, che soccombono regolarmente alle piccole fluttuazioni.

L'obiettivo di prezzo della sua posizione dovrebbe pertanto essere il più piccolo possibile, in modo da poter essere raggiunto rapidamente e senza sforzo. Lo stop, tuttavia, deve essere il più lontano possibile dall'azione del prezzo corrente. Così lontano che in "condizioni normali di mercato" non possa essere raggiunto del tutto. Che questo stia per accadere in ogni caso, va da sé. Le condizioni di mercato e la volatilità sono in continua evoluzione. Ci saranno esagerazioni occasionali, che, naturalmente, colpiranno stop in attesa di livelli che sono lontani dal mercato attuale.

La vera idea di questa strategia è che <u>il prezzo obiettivo viene raggiunto rapidamente e facilmente grazie alle fluttuazioni naturali del mercato</u>. Quanto velocemente questo possa accadere lo illustrerò mediante numerosi esempi nella seconda parte di questo libro. La parte importante di questa strategia è che si impara a capire che il trading intraday non è solo in grado di farvi ottenere grandi profitti. Al contrario, voglio che il mio obiettivo di prezzo venga raggiunto il più rapidamente possibile per poi passare al trade successivo. Preferisco quindi una catena di tanti piccoli profitti.

Questo approccio ha molti vantaggi, il più importante dei quali a mio parere è il **fattore divertimento**. Se si vince più volte, ci si motiva enormemente. Siate onesti, come preferite guadagnare i vostri soldi: vincere una volta e perdere cinque volte? Oppure, vincere nove volte e perdere una volta sola?

Penso che la risposta sia ovvia. La maggior parte delle persone sceglie la seconda variante: è la natura umana. È per questo che sto cercando di sviluppare una strategia di trading su questo tipo di modello. Può sembrare più razionale optare per la prima variante (come molti libri di trading indicano). Tuttavia, in pratica, è difficile realizzarla. Credetemi: ho cercato per anni.

La maggior parte dei trader preferisce vincere sempre (o il più spesso possibile). Ecco perché vi consiglio di cercare una strategia che faccia esattamente questo: una strategia con il più alto tasso di successo possibile. Con pochi semplici esempi, voglio ora chiarire quanto alto debba essere tasso di successo, in modo da poter fare trading con profitto.

Pertanto, se l'operatore si sta concentrando su piccoli profitti costanti, egli (il suo cervello) sta programmando il suo metodo per fare trading. Dal momento che ottiene sempre un piccolo successo, rimane motivato a continuare. Questo è di enorme importanza nel trading, che è certamente una sfida enorme ed è per questo che il successo costante è molto importante. Quando si ottiene una bassa percentuale di successo, l'operatore perde rapidamente la motivazione.

Il secondo vantaggio dei piccoli obiettivi di prezzo è la realtà del mercato stesso, che spesso non dà la possibilità di fare grandi profitti, ma dà sempre la possibilità di realizzarne di piccoli. Ecco perché sono favorevole a questo metodo, perché voglio un sistema che mi dia un reddito duraturo. Se siete a caccia di grandi vittorie, spesso sarà necessario attendere giorni fino a quando realizzerete l'atteso movimento da 100 punti. Nel corso del tempo, il mio sistema di trading potrebbe già farvi ottenere 20 o 30 volte 5 o 7 punti fuori dal mercato.

Perché un tale sistema con piccoli obiettivi di prezzo sia effettivamente redditizio, abbiamo naturalmente bisogno di un alto tasso di successo, questo perché di tanto in tanto avremo un trade in perdita che diminuirà i nostri profitti. L'alto tasso di successo è la premessa di questo sistema. Ne abbiamo bisogno, lo desideriamo. Inoltre, esso soddisfa il bisogno naturale dell'uomo orientato al desiderio di vincere. Si può rimpiangerlo e anche considerarlo come irrazionale, ma lavorare contro la natura umana è sempre stata una delle imprese più difficili. Pertanto, non dovremmo farlo come regola primaria.

3. Puntate ad un Alto Tasso di Successo

Per rendere la premessa della nostra strategia più chiara, abbiamo bisogno di guardare più da vicino il rapporto di rischio rendimento e il tasso di successo. Perché se c'è una **formula di successo nel trading**, allora è proprio questa. Chiunque comprenda l'interazione fra il rapporto di rischio rendimento e il tasso di successo potrà sviluppare una formula di trading su misura per la propria personalità. Per questo motivo, osserviamo ora alcune formule più da vicino.

Se un trader è un amante della filosofia trend-following, egli sarà naturalmente in grado di identificare i trend su tutta la linea. Le fasi laterali vengono considerate dall'operatore più come "modelli di continuazione" che come "rumori senza senso". Dal momento che si sta concentrando sul trend, egli cercherà ovviamente di realizzare grandi profitti. Nel rapporto tra rischio e rendimento, questo trader si concentrerà sul lato del profitto. Nei mercati in trend potrebbe aspettarsi profitti ancora più grandi.

Quindi, per quanto riguarda la formula di successo, egli sceglierà elevati rapporti di rischio rendimento (RRR) di almeno 1: 3 o superiori. Che cosa ciò significhi per il tasso di successo verrà ora illustrato tramite un esempio: supponiamo che il trend follower esegua 100 trade, di cui solo 30 in profitto (un tasso di successo comune per i seguaci del trend). Pertanto, egli ottiene un tasso di successo del 30%. Lavora con un rapporto rischio rendimento di 1: 3. In pratica: rischia 100 punti per vincerne 300.

30 trade vincenti x 300 punti =   9000 punti

70 trade in perdita x 100 punti = 7000 punti

Totale: 2000 punti

Come si può vedere, in base a questo calcolo, il nostro trend follower ha un sistema di trading proficuo. Anche se ottiene solo un tasso di successo del 30%, è comunque in profitto. È ancora meglio. La soglia di redditività di questo trader è esattamente del 25%. Questo significa che ha solo bisogno di raggiungere l'obiettivo di prezzo ogni quattro trade al fine di pareggiare. Dal 26esimo trade in poi, il trading comincia a essere redditizio come possiamo vedere di seguito:

25 trade vincenti x 300 punti =   7500 punti

75 trade in perdita x 100 punti = 7500 punti

Totale: 0 punti

Il basso tasso di successo richiesto è anche il motivo per cui molti trader si sentono attratti da questa strategia. Essi mirano ad un tasso di successo del 25%, cosa facile da realizzare. Inoltre, potrebbero avere ragione, a condizione che siano in grado di gestire mentalmente i molti trade perdita (fino al 75%). Inoltre, quei trade non avvengono ad un ritmo incalzante come perdita, perdita, perdita,

profitto, perdita, perdita, perdita, **profitto**, perdita, ecc...

Un trend follower può subire una serie di dieci perdite o oltre. Quindi, se avrete realizzato una perdita di 100 punti per la decima volta, sarete ancora in grado di entrare nell'11esimo trade con uno stop-loss di 100 punti senza batter ciglio?

La seconda riserva che ho contro questa strategia è, naturalmente, il fatto che non è così facile raggiungere un obiettivo di prezzo di 300 punti. Supponiamo che il trend follower abbia una posizione nel rapporto di cambio USD / JPY, che è ora di 250 pips in profitto. Pertanto, egli ha bisogno di "soli" 50 pips in più per raggiungere l'obiettivo di prezzo di 300 pips.

Purtroppo, accade l'inaspettato! Il cambio USD / JPY cambia improvvisamente direzione e produce un discreto ritracciamento. Il risultato è che la posizione dopo poche ore si trova di soli 75 pips in profitto. Cosa fa allora il trend follower? Alza lo stop (nel momento stesso cambierà immediatamente il

RRR e "falserà" il sistema). D'altra parte, lavorereste con un trailing stop accettando che il mercato fermi la propria posizione con un profitto inferiore a 300 pips (probabile variante)?

Come si può vedere, il sistema con alti obiettivi di prezzo sembra buono in teoria, ma è difficile da realizzare in pratica. Questo, a mio parere, è anche il motivo per cui molti trader non riescono ad avere successo nel mercato del forex. Semplicemente utilizzano il sistema sbagliato. Quantomeno, un sistema che è difficile da implementare.

Tutte le domande sulla gestione dello stop e sulle strategie di uscita sono solo il risultato del fatto che questo trader sta lavorando con alti (spesso inaccessibili) obiettivi di prezzo. Egli deve poi avere a che fare con strategie di uscita ingegnose, che chiamano in causa il suo tasso di successo ad ogni variazione dei parametri.

Ad esempio, se non raggiunge il suo obiettivo di 300 pips più spesso a causa di correzioni di mercato o ritracciamenti, avrà difficoltà a raggiungere i suoi obiettivi di trading. Se inizialmente ipotizziamo che questa strategia abbia un tasso di successo di poco più del 25% al fine di essere in grado di produrre un utile, possiamo aspettarci un tasso di successo molto più elevato. Ed ecco che qui le cose cominciano a complicarsi.

Osserviamo il modello di un trader che fa esattamente l'opposto di un trend follower. Egli sceglie l'obiettivo più piccolo possibile ed un ampio stop. Questo trader si comporta in questo modo perché è un seguace di una filosofia molto diversa rispetto a quella del trend follower. Invece di vedere trend ovunque, questo trader presuppone che i mercati restino in trend per meno tempo.

In termini tecnici, ciò significa che i mercati sono per lo più in **modalità di mean reversion.** Di che cosa si tratta? Il ritorno verso la media è la tendenza di un mercato a tornare al suo valore medio dopo una posizione estrema. Naturalmente, ci sono anche esagerazioni in questa modalità (cioè, opportunità di trading in cui l'operatore può ottenere maggiori profitti). Tuttavia, presto o tardi il mercato corregge quelle esagerazioni. Il prezzo ritorna verso una zona di range precedente, o dopo il breakout, i compratori trend follower non si presentano, in modo che il profitto si sgretoli a poco a poco.

Un trader di mean reversion non ha nemmeno provato a fare trading su queste esagerazioni (vale a dire i grandi obiettivi di prezzo). Egli parte dalla normale fluttuazione di tutti i giorni sul mercato e cerca di tagliarne un po' ogni volta.

Siamo quindi alla ricerca della formula di successo di questo operatore. Supponiamo che cerchi di raggiungere un obiettivo di 10 punti. Il suo stop è a distanza di sicurezza dal mercato attuale, vale a dire 30 punti. Pertanto, rischia 30 punti per vincerne solo 10. So che questo potrebbe sembrare un orrore per un gran numero di trader. Come si fa a lavorare con un "rapporto di rischio rendimento negativo", rischiando più di quanto si possa vincere?

Tuttavia, dal momento che all'inizio di questo libro siamo partiti dalla tesi che spesso dobbiamo fare il contrario di ciò che le masse stanno facendo per avere successo, allora proviamo a prendere questo trader sul serio e osserviamo più approfonditamente la sua formula di successo.

Poiché l'obiettivo di prezzo è piccolo, esso viene ovviamente raggiunto in modo semplice e veloce, in contrasto con l'obiettivo di prezzo del trend follower. Tale strategia, naturalmente, ha un tasso superiore di successo. Supponiamo che questo fosse stato il 75%. Questo trader esegue 100 trade nel nostro esempio.

75 trade vincenti x 10 punti =   750 punti

25 trade in perdita x 30 punti = 750 punti

Totale: 0 punti

Vediamo in questo esempio che il trader ha bisogno di un tasso di successo di poco superiore al 75% al fine di operare con profitto. I critici di questo metodo sostengono che tassi di successo del 75% e oltre sono i più sono difficili da raggiungere. Sono d'accordo, se gli obiettivi di prezzo sono troppo ambiziosi (come per la maggior parte delle strategie intraday). Se il trading riesce a raggiungere l'obiettivo facilmente e rapidamente, allora si potranno raggiungere percentuali del 75% e anche dell'80%.

Naturalmente, ho scelto questo esempio arbitrariamente. Nelle prossime pagine presenterò una strategia con un obiettivo di prezzo minimo, che si basa proprio su questa premessa. Possiamo anche immaginare un esempio estremo. Supponiamo che il trader sia soddisfatto di un obiettivo di prezzo di 6 punti. Il suo stop rimarrebbe ad una distanza di 30 punti. In questo caso, il suo rapporto di rischio rendimento sarebbe 6: 1, che è un RRR estremamente negativo. Quale pensate possa essere la possibilità che il trade raggiunga il target di prezzo piuttosto che lo stop? Risposta: molto elevata.

84 trade in profitto x 6 punti = 504 punti

16 trade in perdita x 30 punti = 480 punti

In questo esempio, il trader deve raggiungere un tasso di successo dell'84% al fine di essere redditizio.

Si tratta ancora una volta di un alto tasso di successo. La probabilità che il target di prezzo venga raggiunto è superiore all'esempio con una distanza di stop di 10 punti.

4. Perché le strategie di trading con un "buon" rapporto di rischio rendimento sono di solito inefficaci

Ora un lettore critico potrebbe sostenere che è improbabile che un sistema di trading raggiunga alti tassi di successo in modo permanente. Ci saranno sempre fasi del mercato in cui lo stop si raggiunge più spesso. Questo potrebbe poi portare a drawdown maggiori (serie di perdite) che ridurrebbero la redditività complessiva della strategia. Sono d'accordo. Succederà. Non conosco alcun sistema di trading che funzioni senza fasi di drawdown.

Come vero che ci saranno sempre le fasi di perdita, è anche vero che i sistemi con un alto tasso di successo tendono a recuperare le perdite accumulate in fretta. Dimostrerò questo fatto per mezzo di diverse curve equity di un sistema. Inoltre, le serie di profitti prolungate emergono in un sistema del genere, aiutando naturalmente a far crescere il conto. In alcuni casi, questo sistema ha generato serie utili di oltre 100 trade, senza una sola perdita!

Vi è, tuttavia, un argomento molto più importante, relativo ad un sistema di trading con piccoli obiettivi di prezzo, soprattutto se si ha intenzione di fare trading a breve termine o intraday. Fino ad ora abbiamo osservato sistemi di trading che si basano sul modello trend following e in cui possono insorgere difficoltà per il raggiungimento dell'obiettivo di prezzo o che magari non lo ottengono affatto. L'effetto negativo peggiora naturalmente il rapporto rischio rendimento di molte strategie di trading basate su questo principio. Inoltre, spesso è il motivo per cui gli operatori che lavorano con questo modello non riescono ad ottenere buoni risultati.

Tuttavia, guardiamo i risultati di modelli di trading che funzionano con i piccoli obiettivi di prezzo. C'è spesso un effetto diverso: qui, il mercato non sempre ottiene lo stop! La ragione è semplice:

dopo che il trader è entrato nel trade, il mercato potrebbe non raggiungere il target di prezzo, ma a causa della bassa volatilità, potrebbe anche non raggiungere lo stop.

Figura 1: Istogramma performance nell'Eurostoxx 50 Future (FESX)

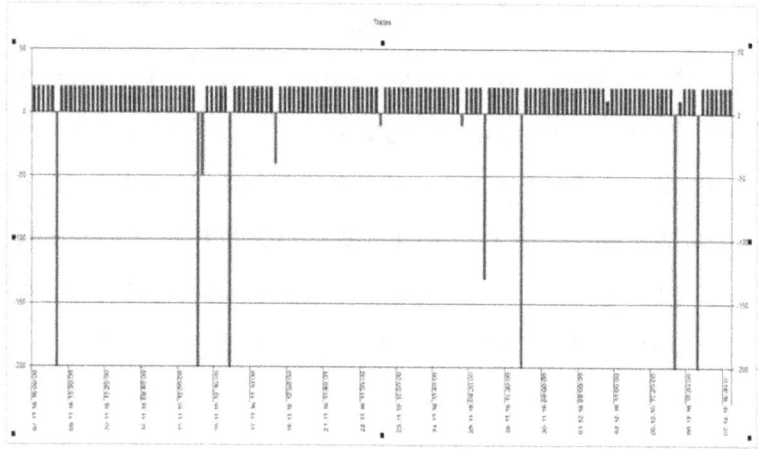

La figura 1 in cui notiamo il risultato di una serie di trade sul future Eurostoxx50, illustra questo effetto. Le piccole barre blu simboleggiano i trade in profitto. Le lunghe barre rosse in basso rappresentano i trade in perdita. I trade in profitto erano chiaramente la maggioranza, il che significa: questa strategia ha un alto tasso di successo. In questo caso non è stato difficile, perché il target di prezzo è stato di soli due tic. Lo stop si trovava ad una distanza di sicurezza di 20 tic in questa strategia.

Mentre il mercato per lo più ha raggiunto il target di prezzo (a parte due eccezioni), lo stop è stato raggiunto solo in sei casi. Il sistema ha realizzato tuttavia altri cinque trade in perdita, con i quali il mercato non ha raggiunto lo stop. In contrasto con il sistema trend following, un sistema intraday deve chiudere la posizione prima della fine della sessione di trading.

Se, tuttavia, il mercato non raggiunge sempre lo stop, il rapporto rischio rendimento migliorerà così come la perdita totale (la somma di tutte le operazioni in perdita) diventerà più piccola. Questo effetto garantisce quindi che l'operatore abbia bisogno di un tasso di successo inferiore al fine di raggiungere la soglia della redditività. D'altra parte, il mercato di solito raggiunge il target di prezzo minore.

Così, se l'effetto della riduzione dei target di prezzo riduce la redditività dei sistemi trend following, l'effetto delle perdite più piccole aumenta la redditività dei sistemi di trading con piccoli obiettivi di prezzo. Per me, questa è una ragione sufficiente per dare uno sguardo più da vicino ad un sistema del genere.

5. Elogio dell'ordine take-profit

Fare profitti sicuramente appartiene alle attività più piacevoli di un'attività di trading. Appartiene anche alle attività necessarie ad un trader, che deve costantemente ottenere un profitto se vuole vivere grazie a questo lavoro. Ma se pensate che sia una delle cose più semplici che un trader possa fare, vi troverete di fronte ad una grande sorpresa. Molti operatori che conosco hanno grandi difficoltà a chiudere una posizione in positivo. Il motivo è umano: l'avidità. Una volta che si ottiene una vincita, si avverte il naturale bisogno di vincere di più. Infine, si può pensare, quando la posizione è già in profitto, che non vi sia alcun motivo di ritenere che il profitto accumulato non possa crescere ulteriormente.

Ho avuto questo problema io stesso per un lungo periodo di tempo. Non ho potuto realizzare i miei profitti. Ero, per così dire, troppo paziente. E avido. È stato solo quando un amico trader con il quale stavo discutendo questo problema mi ha detto: "Bisogna ritirare i soldi dal tavolo ancora e ancora" che ho imparato a realizzare i miei profitti in tempo. Tuttavia, non è stato facile.

Purtroppo, è vero anche il contrario. I profitti accumulati si possono sciogliere più velocemente della neve al sole, come si può vedere. Per me questo è un motivo sufficiente per promuovere l'ordine automatizzato take-profit: è un ordine per la vendita di un titolo dopo aver raggiunto un certo livello di prezzo. Ciò significa che il sistema trasferisce automaticamente il profitto sul conto del trader quando il mercato raggiunge un certo prezzo. Il trader che utilizza questo strumento, dunque, non deve preoccuparsi per l'ulteriore sviluppo del mercato. Una volta chiusa la posizione, è fuori dal gioco. Punto.

I critici dell'ordine take profit automatizzato sosterranno, naturalmente, che in questo modo l'operatore limita i suoi profitti, perché il mercato potrebbe salire all'infinito (o scendere se il trader è short). Ho già mostrato all'inizio del libro che questo accade in rari casi.

Al contrario, dato che i mercati sono in modalità mean-reversion per la maggior parte del tempo, essi si invertono troppo spesso. Quindi accade il contrario di ciò che il trader intende.

È quindi della massima importanza che l'operatore impari a realizzare effettivamente i suoi profitti. Proprio come egli deve imparare a limitare le sue perdite. Comunque, se un trader opera con rapporti di rischio rendimento alti, questo lo porta, purtroppo ad analizzare il mercato se il trade non funziona bene. Lo fa prima del trade, durante il trade e spesso anche dopo. Questa può essere un'attività intellettualmente interessante, ma di solito non porta soldi.

Un trader guadagna soldi in borsa solo se ottiene sistematicamente i suoi profitti. Inoltre, secondo la mia esperienza, questo funziona meglio se si automatizza questo processo in modo che non sia tentato di dubitarne. L'ordine take-profit automatizzato fa esattamente questo lavoro. Il nome lo dice chiaramente: "prendere il profitto!"

Incredibilmente, questo semplice processo porta il denaro reale nel trading - nient'altro. Si potrebbe dire un po' esageratamente: un trader è qualcuno che realizza profitti. Pertanto, il trader deve concentrare la sua attenzione e l'energia esattamente in questa attività. Se non lo fa, rovina il suo tempo. Non dimenticate: i trader si trovano sul mercato azionario per raccogliere tic, punti e pips. Continuamente, instancabilmente e con grande divertimento!

Se il trader opera, come mi raccomando, con piccoli obiettivi di prezzo, il mercato raggiungerà il target di prezzo naturalmente e rapidamente. In alcuni casi estremi, dopo pochi secondi. Se i suoi trade sono short, il suo sistema produrrà più trade di un sistema che operi con obiettivi di prezzo più grandi. Come risultato, l'operatore entrerà in una sorta di dinamismo che è simile a quello di un scalper. Chi conosce i miei libri sullo scalping, sa quali sono i vantaggi nel cervello di un trader. La realizzazione costante di profitti crea proprio la mentalità vincente che è necessario avere per ottenere successo in borsa.

Se i trade richiedono troppo tempo, il trader ha bisogno di molta più distanza per l'azione dei prezzi e dovrebbe chiudere il PC o il portatile (e il suo smartphone) e smettere di guardare il mercato. Per esperienza, però, so che gli operatori non riescono a farlo tanto facilmente. Chiedete ad un trader che ha cinque applicazioni di borsa installate sul suo smartphone di non guardare il mercato azionario per due giorni. Probabilmente non ne troverete neanche uno che sia in grado di farlo. Il trading può creare dipendenza.

Pertanto, vi consiglio di automatizzare il vostro trading in gran parte o almeno di lavorare semi-automaticamente utilizzando gli ordini take-profit fissi, non appena entrate in una posizione. È possibile quindi ancora inserirsi manualmente nel mercato se lo si desidera.

6. Elogio dell'entrata automatica

I trader a volte si preoccupano molto delle entrate, delle uscite, delle strategie, e dell'analisi tecnica. Invece, dopo poche migliaia o addirittura decine di migliaia di trade, queste cose sono molto meno importanti di quanto si aspetti la maggior parte degli operatori principianti. D'altro canto, gli operatori più esperti prestano molta più attenzione ai parametri in un contesto statistico complessivo rispetto ad un determinato periodo di trading.

Se il trader smette di fare analisi, egli inizierà ad operare basandosi sempre più su ipotesi statistiche (ottenute da back test precedenti). In questo modo, toglie l'aspetto emotivo dal trading, agendo in modo più razionale. Ne ho già parlato nei miei libri sullo swing trading. Non vi è nulla "sul mercato azionario" che possa essere oggettivamente analizzato.

Il mercato azionario non è altro che un evento caotico, determinato da migliaia di operatori che di solito non agiscono razionalmente. Il solo tentativo di comprendere tutto di questo mercato può fallire, a mio parere. Non appena si produce una dichiarazione sul futuro sviluppo del mercato, un altro analista proporrà un buon argomento che dimostra esattamente il contrario di quello che si pensava un minuto prima.

In borsa, bisogna fare il proprio gioco. Inoltre, quando dico "il proprio gioco", significa che dovete essere VOI STESSI a determinare le regole! Nessun altro. Dovete sapere quando e perché entrare in un trade, dove mettere lo stop, e quando ritirare il profitto. Se vi concentrerete su questi parametri semplici ma chiari, la probabilità di essere un giorno fra i vincitori sarà decisamente più alta. Quindi, fate il vostro gioco!

Un trader può spendere un sacco di tempo alla ricerca dei segnali di acquisto o di vendita ideali. Tuttavia, la questione è: dovrebbe davvero farlo? Di certo, di volta in volta, per esempio, prenderà il minimo del giorno e andrà long al momento giusto. Tuttavia, la domanda è: può succedere ogni giorno?

Penso che la risposta sia chiara. Mi permetto di dire che la costante ricerca dell'entrata perfetta è il problema di ogni principiante.

Credetemi: la maggior parte dei professionisti ha automatizzato la domanda su quando e se entrerà in un trade. Si possono soddisfare sia la curiosità intellettuale che il proprio ego se si riesce ad andare short sul massimo del giorno. Tuttavia, cerchiamo di essere onesti: credete davvero che avreste ancora delle ambizioni se aveste fatto trading per dieci anni eseguendo diecimila trade?

Per quanto riguarda la strategia che voglio presentarvi, vi consiglio l'ingresso automatizzato, così come l'**ordine di take-profit automatizzato:** ciò comporta molti vantaggi. Se l'operatore non deve più cercare una buona entrata e le vincite (il sistema li realizza per lui), rimane solo una cosa: la gestione dei trade in perdita. Ed ecco che qui è davvero il padrone.

Naturalmente, è anche possibile automatizzare la gestione dei trade in perdita. Tuttavia, ci sono buone ragioni per farlo da soli. Gli operatori esperti riescono di solito a gestire meglio le perdite rispetto ai sistemi automatici. Il motivo è l'esperienza di mercato e di trading oltre alle competenze di dominio (conoscenza approfondita di un mercato sul quale si opera giornalmente).

Ecco perché vi consiglio di fare trading semi-automatico. Esso riunisce i vantaggi del trading automatico e del trading discrezionale (manuale). I sistemi di trading automatici non possono interpretare il mercato. Questo può farlo solo un operatore esperto. Tuttavia, gli operatori hanno di solito difficoltà ad applicare la disciplina. In questo caso un robot può fare di meglio. Pertanto, vi consiglio di unire i vantaggi dei due approcci ed eliminare gli inconvenienti per quanto possibile.

Parte 2: Strategie di Trading con un Piccolo Obietto di Prezzo

Vorrei prendere in considerazione una semplice strategia di trading in termini di redditività che utilizza tre back test. In generale, la letteratura di trading pone grande enfasi sulla strategia stessa. Da qualche parte in ogni trader c'è una sorta di "cercatore del Graal" che spera un giorno di trovare la strategia segreta, quella che nessuno ha scoperto finora. Forse esiste davvero una strategia del genere. Ma purtroppo, nella mia carriera di 15 anni da trader non l'ho scoperta da nessuna parte. Qualsiasi strategia che io abbia visto, scambiato o testato aveva punti deboli e perdite ingenti, prima o poi.

Piuttosto che concentrarsi sulla ricerca ideale di strategia "infallibile", penso che sia molto più proficuo regolare i parametri di una strategia esistente per consentirci di raggiungere i nostri obiettivi finanziari. Affinché il trader abbia una visione oggettiva del potenziale delle prestazioni della strategia scelta, egli deve prima provarla. Questo, naturalmente, si può fare grazie ad un conto cosiddetto demo (trading di carta). Dopo uno o due mesi, egli dovrebbe avere un'idea sul fatto che questa strategia abbia un senso oppure no.

Se, invece, l'operatore vuole controllare la redditività a lungo termine di una strategia di trading, egli dovrà effettuare un **back test** sui parametri impostati. Ciò si può fare grazie ad un software speciale che viene ora offerto in molte piattaforme di trading. Di solito, non è necessario acquistare il software.

Se state eseguendo un back test, dovrete osservare i dati storici di mercato al fine di verificare le prestazioni della vostra strategia con i parametri scelti. I risultati forniranno una possibile analisi statistica con la quale l'operatore potrà valutare le prestazioni della sua strategia. La premessa di un back test del genere è, ovviamente l'ipotesi che le strategie che hanno funzionato bene in passato hanno buone possibilità di ripetersi in futuro. Lo stesso vale, naturalmente, per le strategie che non hanno funzionato a dovere: come regola generale, non funzioneranno neanche in futuro.

Tuttavia, non bisogna dimenticare che le performance passate non sono una garanzia per il futuro. Quando un trader prova una strategia particolare, vuole sapere se le ipotesi di base del suo sistema funzionano in determinate condizioni di mercato. Niente di più, ma neanche di meno. Quindi il back testing non è perfetto. Tuttavia, l'operatore si può fare almeno un'idea di come la strategia con i parametri inseriti si sarebbe comportata negli ultimi anni, se avesse fatto trading con essa.

Test 1: Bund Future Tedesco, Strategia Incrocio della Media Mobile

Al fine di mantenere la massima semplicità possibile, ho deciso di utilizzare l'incrocio della media mobile (MM) per i miei segnali di trading. Questo indicatore si basa sull'intersezione di una media mobile in rapido movimento. Se la MM veloce attraversa la MM lenta dal basso verso l'alto, il sistema aprirà solo posizioni long. Viceversa, se la MM veloce attraversa la MM lenta dall'alto verso il basso, il sistema aprirà solo posizioni short. Ho fatto un primo test sul Future Bund Tedesco. Il Bund, parola tedesca per "obbligazione", è un titolo di debito emesso dal governo federale della Germania, ed è l'equivalente tedesco di un bond americano emesso dal Tesoro.

Figura 2: Bund Future, grafico a 5 minuti

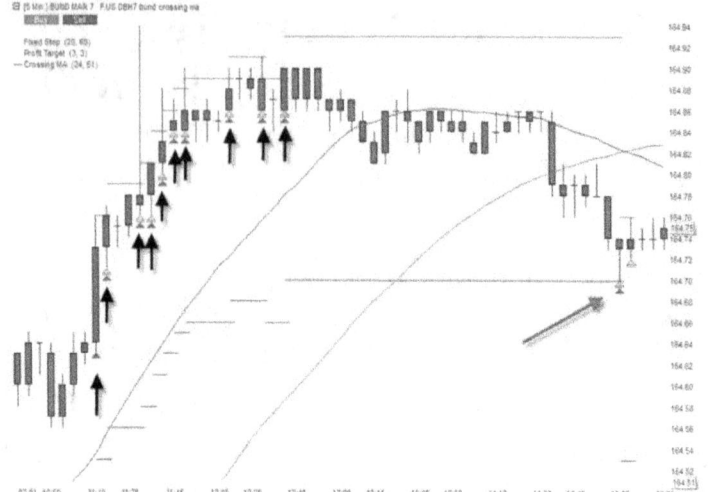

Per il settaggio dell'incrocio della media mobile ho scelto 24, 51. La linea blu (in alto) è la MM veloce e la linea magenta (verso il basso) è la MM lenta. In questo caso, la MM blu era sotto la MM magenta. Così, il sistema ha aperto solo posizioni long (frecce).

Ho settato l'obiettivo di prezzo a tre tics, mentre l'ordine stop loss era di 20 tics.

Dal momento che il Bund Future si è trovato per lo più in un trend al rialzo per il periodo selezionato del test (2006-2017), ho anche osservato i risultati dei test solo per il long. Vale a dire che, in questo caso, ho cambiato i parametri da long short a long solamente. Poi sono stati esposti i risultati del test, e sono state scambiate solo posizioni long. I risultati sono stati, infatti, molto meglio che se fosse stato fatto trading solo dal lato short.

Consiglio vivamente che il trader porti a termine tali modifiche minori ai test perché così potrà ottenere risultati sorprendenti. Egli scoprirà che alcune strategie sono più efficaci in un determinato mercato se sono scambiate solamente short o long. Posizioni long / short allo stesso tempo non sempre forniscono un risultato ottimale.

Nell'esempio sopra relativo ad un determinato giorno di trading, il sistema aveva aperto dieci posizioni long. I primi nove trade avevano quasi raggiunto l'obiettivo di tre tics in 5 minuti. In questo caso, la strategia ha fatto 9 volte 30 euro, quindi 270 euro di utile al netto delle tasse. La linea orizzontale verde sopra la candela rappresenta il target di prezzo.

Nel caso del decimo trade, tuttavia, il mercato non ha raggiunto l'obiettivo di prezzo. Dopo un paio d'ore, anche l'ordine di stop-loss è stato attivato (linea orizzontale rossa sotto le candele, freccia rossa). In questo caso, il sistema ha generato una perdita di 20 tics o 200 euro. Il margine lordo per questo giorno di trading è stato quindi:

270 (9 x 30) - 200 (1 x 200) = 70 euro

Figura 3: Istogramma performance, Bund Future dal 10.12.2016 al 3.1.2017

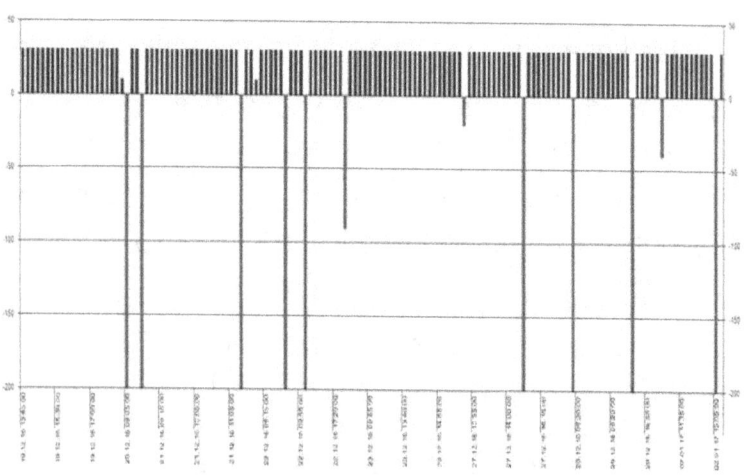

L'istogramma della performance in Fig. 3 illustra il funzionamento del sistema. Le piccole barre blu in alto rappresentano i trade in profitto, mentre le barre rosse in basso simboleggiano i trade in perdita. Come previsto, i trade in profitto sono chiaramente nella maggior parte dei casi dovuti ad un piccolo obiettivo di prezzo. Il prezzo obiettivo di tre tics è generalmente raggiunto.

Nel periodo dal 10 dicembre 2016 al 3 gennaio 2017, tuttavia, lo stop di 20 tics è stato raggiunto nove volte. Tuttavia, ci sono stati anche tre trade in perdita in cui questo non è stato il caso. Qui, il sistema ha chiuso la posizione prima del raggiungimento dello stop da parte del mercato. Dato che si trattava di una strategia di trading intraday puro, ho implementato un "blocco" nel sistema. Ciò significa che tutte le operazioni aperte verranno chiuse alle 6:00 pm e non saranno aperti nuovi trade. Questa misura è necessaria al fine di proteggere la performance da perdite inutili a causa di lacune.

Se scelgo un obiettivo di prezzo di tre tics, significa che voglio che il target sia raggiunto rapidamente e facilmente. Nell'esempio di cui sopra, questo ha funzionato bene in nove dei dieci trade. Solo alla decima operazione ho subito una perdita. Se il trader avesse operato con una strategia in modo completamente automatico, l'ordine di stop-loss sarebbe stato innescato al decimo trade.

Se l'operatore avesse agito semi-automaticamente, avrebbe ovviamente potuto limitare la perdita non appena è apparso chiaro che il trade non stava funzionando. Qui entra in gioco un elemento personale. Quando riesce il trader a "comprendere" che il trade non funziona? Questa decisione, in particolare dal momento che né l'obiettivo né lo stop sono stati raggiunti, è, naturalmente, a sua discrezione (esperienza).

Tuttavia, la strategia è stata progettata per garantire che l'obiettivo venga raggiunto rapidamente e facilmente, cosa che succede nella maggior parte dei casi (di solito da 5 a 10 minuti). Se un trade non ha ancora raggiunto il prezzo indicativo dopo 30 minuti e se la posizione, ad esempio, è di cinque tics in meno, è imperativo che il trader pensi a come limitare la perdita. Se si collezionano 3 tics nel Bund Future non ha senso spendere più di un'ora seguendo un trade che semplicemente non funziona.

Se l'operatore riesce a chiudere tali operazioni prima di raggiungere l'ordine di stop loss, egli sarà in grado di aumentare in modo significativo il suo record complessivo. Di tanto in tanto, un movimento rapido farà scattare l'ordine di stop-loss e questo non può essere evitato. Tuttavia, i risultati di un buon operatore semi-automatico in generale sono decisamente migliori rispetto a quelli ottenuti dai sistemi completamente automatici. Il sistema, naturalmente, continua a fare trading senza considerazione per il mercato.

Se l'operatore non vuole prendersi il tempo di fare trading da solo, potrà contare su un altro strumento di gestione automatizzata dei rischi: lo stop a tempo. Il vantaggio dello stop a tempo è che esso chiude un trade dopo un periodo pre-inserito.

Per esempio, potrebbe essere di 30 o 60 minuti. Uno stop a tempo, naturalmente, è anche in grado di impedire che il mercato raggiunga l'obiettivo di volta in volta. Tuttavia, spesso impedisce che il trade raggiunga lo stop, un vantaggio che ogni trader dovrebbe prendere in considerazione.

Figura 4: Risultati back test Bund Future Incrocio Media Mobile Luglio 2006 - Gennaio 2017

total net profit:	124495.06
total # of trades:	29069
winning trades:	25200
losing trades:	3869
percent profitable:	86.69%
profit factor:	1.20
avg win/avg loss:	0.18
Avg trade (win & loss):	4.28
percent in the market:	28.92%
RegCoeff*100/StdDev Equity:	0.0000
gross profit:	756297.06
gross loss:	631802.00
largest winning trade:	250.00
avg winning trade:	30.01
avg # bars in winners:	3.26
largest losing trade:	290.00
avg losing trade:	163.30
avg # bars in losers:	12.09
max consecutive winners:	61
max consecutive losers:	5
Std.Dev. all trades:	69.96
Std.Dev. winning trades:	2.79
Std.Dev. losing trades:	65.78
max # shares/contracts:	1
max drawdown:	5301.66
Commission paid:	0.00
Expectancy:	0.0262
Expectancy Score:	0.0017
Happiness Factor:	25.50
Performance/Drawdown:	23.48
Expectation:	4.28
evaluation start:	18.07.06 Tue 08:00
evaluation stop:	03.01.17 Tue 19:00

Ho condotto un back test per il periodo dal 18 luglio 2006 al 3 gennaio 2017, con il risultato che si vede in figura 4. Nel complesso, è stato raggiunto un utile lordo di EUR 124.495,05. Supponendo che il sistema per l'intero periodo abbia fatto trading su di un unico contratto. Per quanto riguarda i costi di trading, sono pronto a parlarne.

Durante questo periodo, sono stati effettuati 29.069 trade. Possono sembrare molti, ma su un periodo di trading di 10 anni, si tratta di sole 15 operazioni al giorno. La frequenza può essere prevista al minor obiettivo di prezzo, così che si può anche parlare di un sistema di scalping.

Di queste operazioni, 25.200 sono state vincite. Ciò corrisponde a un tasso di successo dell'86.89%. Solo 3869 trade si sono conclusi in perdita. Come previsto, il profitto medio a trade è stato di 30 euro. Ciò corrisponde esattamente a tre tics di profitto nel Future Bund.

Ci sono state alcune eccezioni. Il più grande trade in profitto è stato di 250 euro o 25 tics. Questo può essere il risultato di un movimento veloce in cui l'ordine di take profit è stato eseguito ad un prezzo decisamente migliore di quanto il trader avesse originariamente previsto. A volte, lo slippage (migliore o peggiore esecuzione dell'ordine) avviene anche a vantaggio del trader.

Il più grande trade in perdita è stata di 290 euro, che è nove tics oltre lo stop loss fisso di 20 tics. Lo slippage può verificarsi anche nei movimenti estremi in un mercato dei futures liquido, come quello dei Bund. Questo è particolarmente il caso di notizie economiche importanti o comunicazioni da parte delle banche centrali. Se si decide di operare con questa strategia da soli, si dovrebbe cercare di non tenere le posizioni troppo vicino a tali eventi importanti.

Interessante è la perdita media a trade che era di 163.30. Quindi, il tasso di stop-loss non è stato sempre raggiunto. Questa cifra è probabilmente la più importante in quest'analisi. Se l'operatore riesce a ridurla ulteriormente, potrebbe aumentare in modo significativo la redditività della strategia, dal momento che non deve preoccuparsi per i vincitori (a differenza di molti altre strategie).

Inoltre, il numero di serie in profitto è gratificante. In questo test, sono state registrate una dopo l'altra 61 operazioni con un impressionante profitto. Ed ecco precisamente dove si trova la forza di questo approccio. Al contrario, la serie di perdite maggiore è composta da soli cinque trade in perdita consecutivi. Questo mi sembra essere fattibile, soprattutto se l'operatore riesce a ridurre al minimo queste perdite.

Come già accennato: nessun sistema esce senza fasi di drawdown. Un drawdown rappresenta la massima perdita accumulata in un determinato periodo. Ad esempio, un dato sistema può ottenere il 100% di profitto entro un anno. Durante questo periodo, tuttavia, ci possono essere delle "fluttuazioni". Ad esempio, il sistema potrebbe subire una perdita del 15% in luglio e agosto rispetto al livello di giugno. In questo caso, si dovrebbe parlare di un drawdown massimo del 15%. Il trader professionista o un investitore può quindi decidere autonomamente se accettare l'ordine di grandezza di questo periodo di perdite. Se non è possibile, occorre abbandonare il sistema di trading oppure modificare i parametri di rischio in modo che la percentuale in perdita sia più piccola.

Il drawdown massimo di euro 5301.66 mi sembrava tutto sommato gestibile. In relazione al profitto lordo di 124,495 euro, è quasi trascurabile. Ciò significa che l'operatore si trovava nella fortunata posizione di aumento del conto grazie alla strategia, quasi continuamente e senza contraccolpi significativi.

Finora, il risultato dei back test mi ha convinto. Guardando il fattore di profitto, però, ho scoperto che esso è solo a 1,20. Che cosa ci dice il fattore di profitto sul sistema di trading? Si tratta di una dichiarazione di quanto rischio il trader è disposto ad assumersi per raggiungere un certo utile. Come possiamo quindi calcolare il fattore di profitto? Molto semplicemente, si aggiungono i profitti totali e li si divide per le perdite totali.

Fattore profitto = (somma dei profitti) / (somma delle perdite)

Nel nostro test, significa:

Fattore profitto = (756.297, 06) / (631.802) = 1.197

Sebbene il sistema raggiunga un profitto (il fattore è superiore a uno!), è comunque necessario un rischio superiore alla media per generarlo. Rischiamo oltre 600.000 euro per ottenere solo 756.297 € di profitto lordo, che è molto alto.

Naturalmente, questo rapporto sfavorevole ha a che fare con il tipo di sistema di trading che ho scelto. I sistemi di trading che si basano sulla filosofia trend-following di solito raggiungono fattori di profitto più elevati. Dal momento che il nostro obiettivo di prezzo è molto piccolo, e lo stop-loss è il più lontano possibile dal prezzo di entrata, stiamo decisamente rischiando molto per ottenere un piccolo profitto. Tuttavia, questa è proprio la premessa del nostro sistema, che prende sul serio il bisogno psicologico della maggior parte dei trader di ottenere piccoli e rapidi profitti.

Nei circoli dei trader, un fattore di profitto superiore a due è sempre considerato come un segno di "buon trading". È chiaro che questo può essere raggiunto solo con un rapporto rischio rendimento di 1: 2 o 1: 3. Inoltre, l'operatore deve anche raggiungere un tasso di successo superiore alla media. Il fatto che tali rapporti siano effettivamente raggiunti solo nei casi più rari è spesso nascosto.

Fino a quando il mio sistema è redditizio e genera continuamente profitti, posso vivere come trader con un fattore di profitto di 1,20. Dopo tutto, dipende da quello che ci si aspetta dal sistema.

Un problema più complesso nel back test è l'aspettativa per trade, che è risultata piuttosto bassa a 4.28. Questo dato ci dice quanto profitto per trade ci si può aspettare a lungo termine (qui, dieci anni). Come si calcola l'aspettativa di un sistema?

Aspettativa: (tasso di successo x profitto medio per trade) - ((1 – tasso di successo) x perdita media per trade)

Aspettativa: 0, 87 * 30 euro - (1-0, 87) * 163 euro = 4, 91 euro

A seconda del calcolo, si può ottenere un profitto medio tra i 4 ei 5 euro, che ci si può aspettare con questa strategia. Ed ecco dove entrano i gioco i costi del trading. Il costo per lotto nel trading dei futures è attualmente tra i 4 e 5 euro per la maggior parte dei broker.

Ad esempio, se il trader pagasse 4,40 euro (2,20 euro per transazione) per lotto e si dovesse poi pagare una tassa sulle azioni di $ 1,17, non si potrebbe poi ottenere un profitto con questa operazione o aspettativa di 4,91 euro. Al contrario, si perderanno soldi. Questo significa che, molto chiaramente, anche se il nostro sistema sembra così promettente, dobbiamo renderci conto che non possiamo realizzare un profitto con questa bassa aspettativa dopo la deduzione dei costi.

Anche se si trovasse un broker in grado di offrire condizioni molto favorevoli (meno di $ 1 per ogni operazione), sarebbe comunque difficile operare in modo redditizio con tale aspettativa. È quindi essenziale che si aumenti l'aspettativa del nostro sistema. In alternativa, avremmo dovuto cercare un altro sistema. Vogliamo indagare ulteriormente la prima variante, dal momento che non abbiamo ottimizzato il nostro sistema di Incrocio MM semplice. Tuttavia, prima di andare verso il secondo test, osserviamo la curva dei profitti del primo test del nostro sistema Incrocio MM Future Bund.

Figura 5: Incrocio MM Future Bund, Curva dei Profitti 2006 – 2017

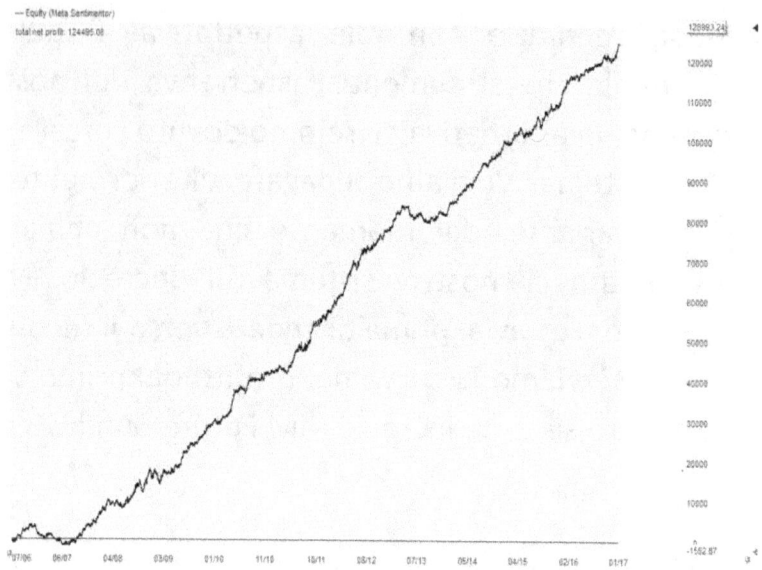

A prima vista, la curva dei profitti del nostro sistema di Future Bund sembra molto buona. Difficilmente ci sono contrattempi significativi, e i drawdown, come già accennato, sono molto limitati. Tuttavia, poiché si tratta di una curva dei profitti che si estende per 10 anni, scopriremo alcune difficoltà ad un esame più attento. Così, il sistema ha avuto bisogno all'inizio (a sinistra in basso) di un anno per entrare nella redditività. All'inizio, il sistema di squadra ha avuto un drawdown decente, che era finanziariamente poco importante, ma comunque durato più di 12 mesi.

Anche nel 2013, il sistema non è riuscito a raggiungere utili apprezzabili ed è rimasto bloccato a 8000 euro. Questa non è come rompersi una gamba, ma quale trader può operare in un sistema per un anno senza guadagnare un centesimo e rimanere disciplinato, senza indecisioni? Così abbiamo anche bisogno di un sistema di trading anche qui su base annua, che ci prometta almeno un profitto, altrimenti potrebbe succedere che il trader perda rapidamente il desiderio per la sua strategia.

Tuttavia, vorrei sottolineare che tali periodi, in cui una particolare strategia non realizza un profitto, sono da considerarsi normali. Il trading è raramente o quasi mai una strada a senso unico. Possiamo cercare di sviluppare una strategia che prometta un profitto, almeno su base annua. Tuttavia, questo non può essere garantito da qualsiasi sistema. In termini di "reddito", il trading è veramente qualcosa a cui guardare a lungo termine, come dimostra chiaramente questa curva dei profitti.

Test 2: E-Mini, Strategia 1 Incrocio della Media Mobile

Dal momento che non ho raggiunto il successo desiderato nei Future Bund, ho tentato la fortuna con il Future E-Mini, il ben noto Future sull'SP500.

Figura 6: E-Mini, grafico a 5 minuti

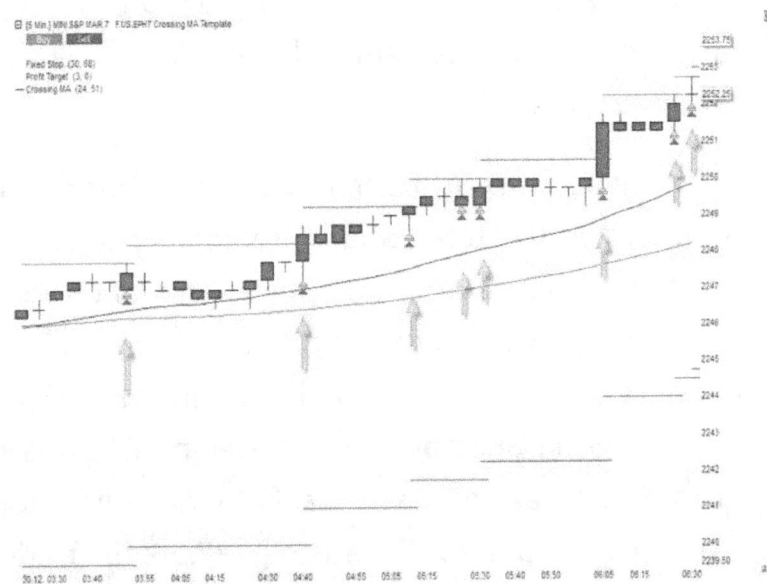

Al momento di settare il sistema ho cambiato solo piccole cose. Ho lasciato l'impostazione delle due medie mobili a 24.51. Ho anche scelto un obiettivo di tre tics per questo test. Tuttavia, ho cambiato lo stop, impostandolo a 30 tics che nel E-Mini di solito significa una giusta distanza dal mercato attuale. Anche qui, ho scelto un approccio solamente long perché l'SP500 è in un trend rialzista anche nel lungo termine (da gennaio 2017). La probabilità che gli obiettivi sul lato long fossero raggiunti più velocemente che sul lato short mi sembrava maggiore.

La figura 6 mostra come il sistema funziona in modo simile al Future Bund. Il prezzo obiettivo di tre tics è stato raggiunto in tempi relativamente brevi, con i primi otto trade long (frecce verdi). Se si considerano le linee orizzontali rosse in basso, si può notare che in questo giorno di trading nessuna di queste operazioni si è avvicinata allo stop. L'obiettivo di prezzo di tre tics ($ 37.50 per trade), tuttavia, è stato solitamente raggiunto entro 30 minuti.

Figura 7: Istogramma performance 10.12.2016 - 30.12.2016

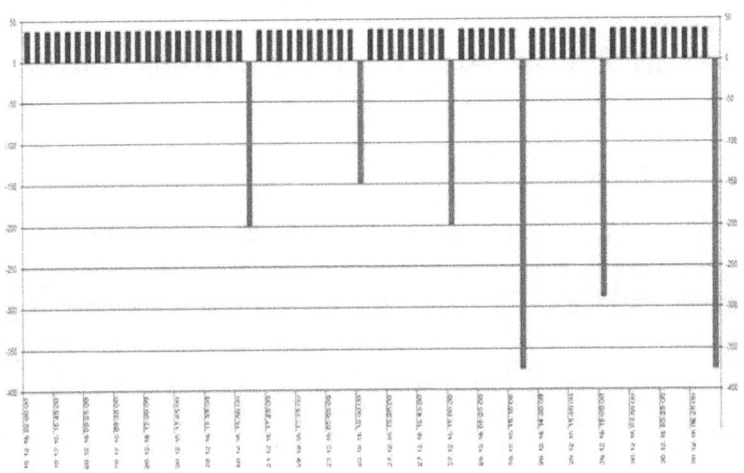

Un quadro analogo si può notare nel Future Bund quando guardiamo l'istogramma della performance per un periodo di 3 settimane. La maggior parte dei trade hanno raggiunto il target e hanno ottenuto un profitto (piccole barre blu in alto). C'erano tuttavia, sei trade in perdita durante questo periodo, di cui solo due hanno raggiunto lo stop loss (corrispondente ad una perdita di $ -375). I quattro trade in perdita più piccoli sono stati chiusi prematuramente dal sistema.

Figura 8: Back test E-Mini, Luglio 2011 – Dicembre 2016

total net profit:	86662.50
total # of trades:	16412
winning trades:	14776
losing trades:	1636
percent profitable:	90.03%
profit factor:	1.19
avg win/avg loss:	0.13
Avg trade (win & loss):	5.28 ⟵
percent in the market:	45.77%
RegCoeff*100/StdDev Equity:	0.0000
gross profit:	554337.50
gross loss:	467675.00
largest winning trade:	225.00
avg winning trade:	37.52
avg # bars in winners:	8.45
largest losing trade:	375.00
avg losing trade:	285.86
avg # bars in losers:	31.83
max consecutive winners:	64
max consecutive losers:	4
Std.Dev. all trades:	106.22
Std.Dev. winning trades:	2.96
Std.Dev. losing trades:	137.64
max # shares/contracts:	1
max drawdown:	9062.50
Commission paid:	0.00
Expectancy:	0.0184
Expectancy Score:	0.0008
Happiness Factor:	10.63
Performance/Drawdown:	9.56
Expectation:	5.28
evaluation start:	13.07.11 Wed 00:00
evaluation stop:	30.12.16 Fri 22:55

Anche il back test dell'E-Mini è stato positivo. Dato che avevo solo i dati fino a luglio 2011, sono stato in grado di effettuare un test solo per gli ultimi 5 anni. Dopo tutto, il sistema ha eseguito 16.412 trade durante questo periodo. Pertanto, ritengo che statisticamente questi dati siano abbastanza significativi per darci un'idea di questa strategia nell'E-Mini.

Complessivamente, il sistema ha generato un profitto di $ 86,662.50. Ci sono stati 14,776 trade in positivo e soli 1.636 in perdita. Ciò corrisponde a un tasso di successo del 90.03%. Come previsto, il profitto medio a trade era vicino al prezzo obiettivo, vale a dire 37,50 $. La perdita media a trade era significativamente al di sotto della soglia dello stop-loss di $ 375 a $ 285,86. Il più grande trade in perdita è stato di $ 375, che descrive bene questo mercato. Se i trade in perdita non hanno mostrato lo slippage, questo indica quanto è profonda la liquidità del mercato, che è il motivo per cui l'E-Mini è così popolare fra i trader.

Anche qui si è verificata una notevole serie di profitti. La più lunga ha registrato 64 trade in profitto di fila. La serie più lunga in perdita aveva solo quattro trade. Di nuovo, questo è un dato molto buono. Il massimo drawdown con $ 9062,50 è stato leggermente superiore rispetto al Future Bund ma rispetto al profitto complessivo, si tratta comunque di un risultato accettabile.

Il fattore di profitto chiave e le aspettative già accennate nel test del Future Bund, ancora una volta mi hanno fatto venire il mal di testa. Il fattore di profitto è stato relativamente debole a 1,19. Inoltre, l'aspettativa o il profitto medio per trade è troppo basso con 5,28 $ (freccia) per trade redditizio.

Pertanto, ho dovuto fare alcune modifiche ai parametri se volevo operare con profitto nell'E-Mini. In primo luogo, guardiamo la curva dei profitti di questo test.

Figura 9: E-Mini Curva dei Profitti, 2011 - 2016

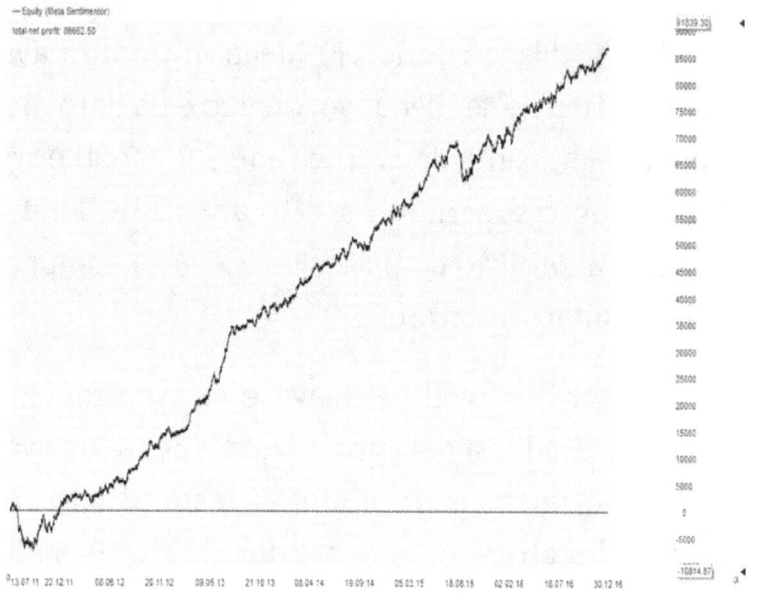

Anche qui, la curva di capitale sembra andare nella direzione desiderata. Come già accennato, i drawdown sono stati limitati. Molti trader farebbero la firma per una curva dei profitti simile. Tuttavia, il sistema ha iniziato a metà luglio 2011 solo con un drawdown (in basso a sinistra del grafico, la linea blu è la linea dello zero). Pertanto, ci sono voluti alcuni mesi per iniziare a guadagnare. Ciò dimostra chiaramente che i drawdown si possono verificare in qualsiasi momento, anche se si sta appena iniziando un trade. Nel 2015, è successo di nuovo. Tuttavia, la strategia è stata in grado di recuperare le perdite accumulate in tempi relativamente brevi, almeno fino a quando tutto va bene.

Test 3: E-Mini, Strategia 2 Incrocio delle Medie Mobili con Parametri Adattati

Al fine di ottenere un risultato migliore con questa strategia, un buon software di trading ci deve consentire di effettuare le cosiddette ottimizzazioni per alcuni o per tutti i parametri del sistema. Ad esempio, se voglio sapere se posso ottenere risultati migliori scegliendo un obiettivo di prezzo più grande, il sistema può effettuare un test con questo dato diversificato. Ad esempio, il sistema potrebbe trovare risultati migliori scegliendo un obiettivo di profitto di cinque ticks invece di tre ticks. Lo stesso vale, naturalmente, allo stop o all'impostazione dell'indicatore, che conferisce al sistema i segnali.

Il back test, tuttavia, non indica i parametri entro cui il nostro sistema genera i risultati più stabili. Se si è interessati all'ottimizzazione dei sistemi di trading e al pericolo di un eccesso di ottimizzazione, il cosiddetto settaggio della curva (adattare i parametri per il set di dati storici) è in agguato. Un sistema che è fortemente "basato sul settaggio curva", si adatta perfettamente ai dati del passato, ma solitamente fallisce non appena si inizia a fare trading in tempo reale.

La vera domanda è, quindi, da dove viene ed inizia il settaggio della curva. Si tratta di un argomento sempre più discusso per gli sviluppatori di sistemi. È quindi difficile dare una risposta generale. Se si vede un sistema di trading automatico che sembra quasi troppo bello per essere vero, bisogna farsi delle domande (soprattutto se si devono pagare un sacco di soldi!). Purtroppo, molti trader che hanno acquistato la cosiddetta scatola nera che ha promesso loro l'azzurro del cielo, hanno avuto questa esperienza. Ben presto hanno dovuto rendersi conto che il sistema non ha generato il ritorno promesso come era indicato sulla confezione.

Dal momento che non intendo raccomandare al lettore il puro trading automatico in questo libro, non voglio approfondire la questione. Il fattore decisivo per me è stato quello di verificare la possibilità di migliorare il sistema con piccole ottimizzazioni. Ricordate che mostrava già un risultato positivo senza la totale ottimizzazione.

Come detto più volte, l'ottimizzazione chiave è la capacità del trader di riconoscere e ridurre al minimo i trade in perdita nel tempo. Se l'operatore riesce, per esempio, a chiudere il 30% di questi trade prima, il risultato desiderato potrebbe essere raggiunto.

In un nuovo test dell'incrocio MM nell'E-Mini-Future, ho cambiato due parametri. Ho impostato il prezzo obiettivo delle posizioni long da tre a due ticks. Coloro che sono critici verso questa decisione potrebbero obiettare che si tratta di un obiettivo di prezzo estremamente piccolo per il quale i costi di trading non sono abbastanza proporzionati. Io posso confutare questa obiezione osservando i dati.

D'altro canto, ho impostato lo stop ad una distanza quasi inaccessibile dal mercato, vale a dire 100 ticks di distanza dall'ingresso. Di nuovo, questa è una decisione radicale che può essere criticata. Se si desidera solo vincere 2 ticks e rischiarne 100, bisognerà lavorare con un rapporto di rischio rendimento estremamente negativo. Questa decisione è quindi esattamente il contrario di ciò che è comunemente consigliato.

Quest'ultima decisione, naturalmente, ha conseguenze di vasta portata. Da un lato, mi auguro che lo stop venga raggiunto solo in rari casi. Se lo stop è attivato, esso provoca una perdita enorme, vale a dire di 1237,50 $ per contratto, che naturalmente danneggia in qualche modo la curva dei profitti. D'altra parte, la vera domanda è: quante volte si sarebbe verificato un evento del genere, e che cosa significa per la crescita della mia curva dei guadagni?

L'unica ottimizzazione che ho effettivamente portato avanti col sistema è legata ai parametri dell'incrocio delle medie mobili. Finora avevo usato l'impostazione 24,51. Dopo un test, però, si è scoperto che l'impostazione di 42,92 mi dà risultati migliori.

Figura 10: E-Mini, grafico a 5 minuti

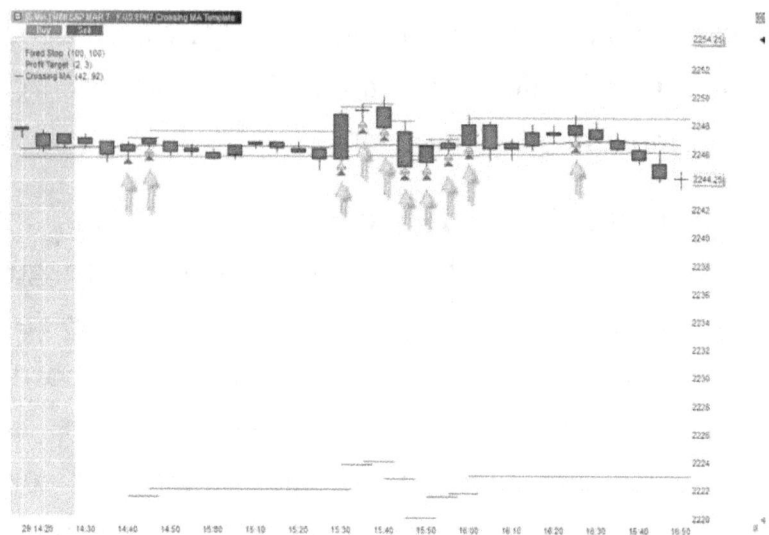

Qui, vediamo il sistema ottimizzato al lavoro. Le linee orizzontali rosse inferiori rappresentano le rispettive attese degli ordini stop-loss che sono a distanza di sicurezza dal movimento dei prezzi. Quel giorno ho scattato questo screenshot, dove nessuno degli ordini è stato innescato. Sono state aperte dieci posizioni long (frecce verdi), di cui le prime nove hanno raggiunto il target di prezzo. La decima posizione long è stata chiusa dal sistema al termine della giornata di trading con una perdita di 23 ticks o $ 287,50.

Una perdita di questa portata non sarebbe stata necessaria, a mio parere. Dopo tutto, la posizione è rimasta aperta per un'ora e mezza, che è una tempistica troppo lunga per questa strategia. Un professionista può chiudere la posizione prima e limitare la perdita. Questo non sempre avrà successo, ma si ripeterà più volte. Vediamo il rapporto vincita / perdita sull'istogramma della performance.

Figura 11: E-Mini, istogramma performance 10 Dicembre 2016 - 4 Gennaio 2017

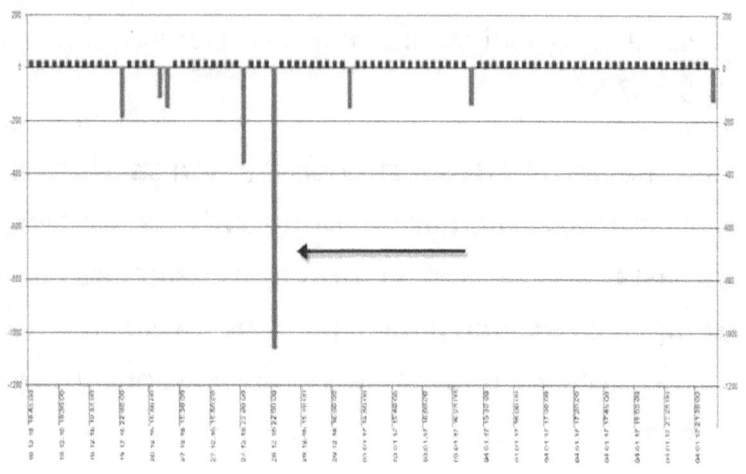

Sull'istogramma della performance dal 10 dicembre al 4 gennaio 2017 vediamo esattamente i problemi menzionati. La stragrande maggioranza dei trade sono vincenti come previsto (barre blu di cui sopra). Il trader non deve preoccuparsi di questo. Tutte le sue capacità si concentrerebbero nella gestione dei trade in perdita. Questo è il motivo per cui dovremmo osservare la grande perdita ($ 1062,50, freccia) dal 28 dicembre 2016.

Figura 12: Trade in Perdita del 28 Dicembre 2016

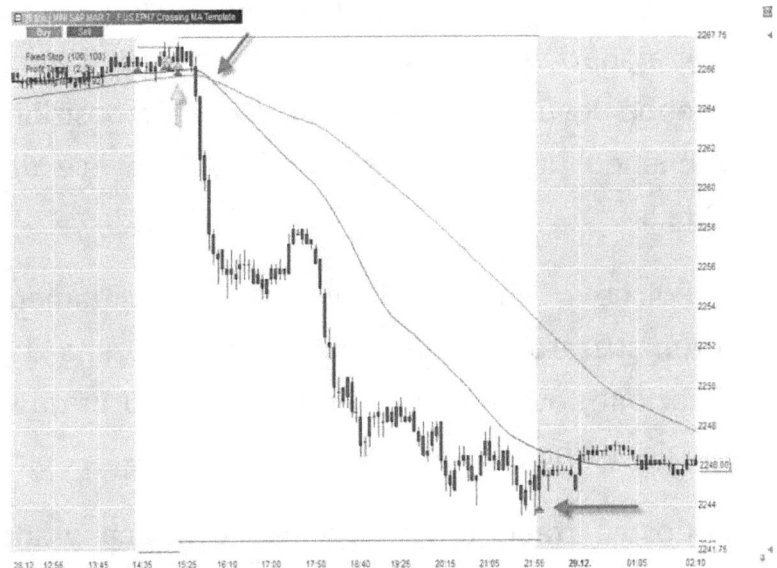

Come si vede chiaramente nel grafico, la posizione long è stata aperta la mattina presto (primo pomeriggio in Europa) del 28 dicembre (freccia verde in alto a sinistra). Al momento, il mercato era ancora in fase laterale e alcuni trade precedenti erano già stati chiusi con successo. Fondamentale per questo trade è il fatto che 15 minuti dopo l'apertura della posizione long il mercato abbia improvvisamente rotto al ribasso

91

(candele rosse nel grafico dopo l'entrata). Inoltre, l'indicatore dell'incrocio della MM è cambiato da long a short. Al più tardi a questo punto, il trader avrebbe dovuto intervenire e chiudere la posizione, ottenendo una perdita di $ 200-300 invece di $ 1062,50.

Poiché un sistema completamente automatizzato non potrebbe valutare una tale situazione, ovviamente, sarebbe rimasto in quella posizione fino alla fine del trade.

Così il trade è stato chiuso con una grande perdita (sul minimo del girono ed appena sopra l'ordine di stop loss).

Da un lato, mantenere una posizione per diverse ore è completamente contrario alla filosofia di questa strategia, soprattutto perché il target di prezzo è molto piccolo. D'altra parte, si tratterebbe di pessima gestione del rischio se l'operatore non intervenisse. Egli DEVE chiudere una posizione del genere al più presto per limitare i danni. Se non può farlo, allora è davvero meglio per il trade continuare ad essere eseguito in modo completamente automatico e lasciar decidere al computer come agire.

L'unica ragione per agire (semi-automaticamente) può essere solo che un operatore possa ottenere risultati migliori rispetto al sistema completamente automatico. Questo esempio mostra chiaramente che ciò è del tutto possibile. Anche limitare i danni alla metà (perdita di $ 500) migliorerebbe significativamente il risultato complessivo del sistema.

Figura 13: E-Mini, secondo back test 2011 - 2017

total net profit:	157250.00
total # of trades:	17144
winning trades:	16309
losing trades:	835
percent profitable:	95.13%
profit factor:	1.62
avg win/avg loss:	0.08
Avg trade (win & loss):	9.17 ←
percent in the market:	17.56%
RegCoeff*100/StdDev Equity:	0.0000
gross profit:	412362.50
gross loss:	255112.50
largest winning trade:	1225.00
avg winning trade:	25.28
avg # bars in winners:	2.56
largest losing trade:	1337.50
avg losing trade:	305.52
avg # bars in losers:	31.33
max consecutive winners:	129
max consecutive losers:	3
Std.Dev. all trades:	103.35
Std.Dev. winning trades:	11.21
Std.Dev. losing trades:	335.91
max # shares/contracts:	1
max drawdown:	5700.00
Commission paid:	0.00
Expectancy:	0.0298
Expectancy Score:	0.0013
Happiness Factor:	30.76
Performance/Drawdown:	27.59
Expectation:	9.17
evaluation start:	18.07.11 Mon 00:00
evaluation stop:	05.01.17 Thu 12:25

In questo secondo test nuovamente con parametri modificati, il sistema ha effettuato 17.144 trade. Di questi, 16.309 sono stati redditizi, che corrisponde a un tasso di successo del 95.13%. L'utile lordo è stato di $ 157,250.00. Il profitto medio a trade è stato di $ 25,28 come previsto. Questo è leggermente superiore al prezzo indicativo di $ 25, che suggerisce un certo slippage a vantaggio dell'operatore. La perdita media a trade è stata di poco superiore a $ 305,52 rispetto al primo test. La serie più lunga di vincite ha raggiunto una sequenza spettacolare di 129 trade di fila. D'altra parte, la serie di perdite più lunga è stata di soli 3 trade.

Il massimo drawdown è rimasto a $ 5700 in un range accettabile. Questa volta il fattore profitto era molto più alto: 1,62, che indica che, nonostante lo stop loss decisamente superiore, questo sistema è molto meno rischioso di quello precedente. Sembra un paradosso: rischio 100 ticks per vincerne solo due. Tuttavia, è corretto il mio approccio che consente un rischio inferiore. Ovviamente, secondo la mia ipotesi bisognerebbe mettere lo stop il più lontano possibile dal prezzo di mercato in modo da essere in grado di operare con profitto. Questo implica anche il contrario di ciò che viene comunemente consigliato nella letteratura di trading.

Infine, il sistema ha raggiunto anche un risultato soddisfacente in termini di profitto medio. A $ 9,17, il valore atteso era ben sopra il risultato del primo test. Considerando il piccolo obiettivo di prezzo di 2 ticks che promette un profitto massimo di $ 25 tra i vincitori, questo è un buon risultato, che può essere oggetto di trading con profitto anche dopo aver sottratto i costi.

Una figura chiave che non ho ancora discusso finora è la cosiddetta "barre medie dei vincenti", il numero di candele a 5 minuti necessarie per i trade di profitto, in media, per raggiungere il target di prezzo. Per i trade in profitto, questa è bassa come previsto, vale a dire 2,56 candele. Ciò significa che il trade in profitto ha bisogno di una media di circa 13 minuti per raggiungere l'obiettivo. In caso di perdita del trade, il numero sembra piuttosto diverso. In media, è durato fino a 31.33 candele fino a quando il trade in perdita è stato chiuso: si tratta di circa 2,5 ore. Per il trader semiautomatico tale tempistica è chiaramente troppo lunga. Questi dati mostrano anche che i risultati possono essere chiaramente migliorati se l'operatore è in grado di intervenire più rapidamente.

Per quanto riguarda il money management, naturalmente, ogni operatore deve decidere quanti contratti può aprire con una tale strategia. Se deve accettare perdite di oltre 1000 $ di tanto in tanto, egli avrebbe certamente bisogno di una somma superiore a cinque cifre per farlo in modo responsabile. Se l'operatore riesce a ridurre notevolmente i trade in perdita, la strategia potrebbe essere utilizzata per somme più piccole. Per avere una migliore idea dei possibili drawdown, guardiamo la curva del capitale per questo periodo.

Figura 14: E-Mini, secondo back test, Curva dei Profitti 2011 - 2017

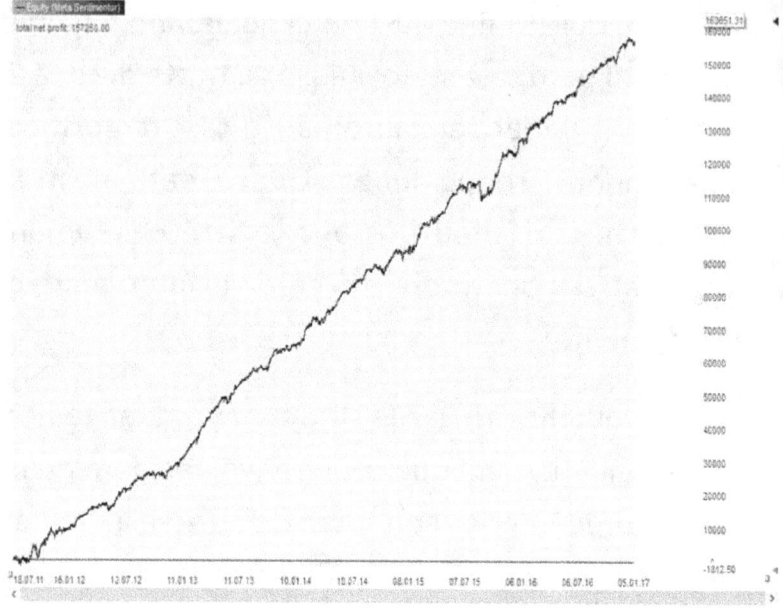

La curva dei profitti ha ora un andamento, che ogni operatore, in linea di principio, desidererebbe. I drawdown sono piccoli e raggiunti rapidamente. Ho anche osservato la piccola "buca" nel mese di agosto 2015. Qui, infatti, lo stop è stato raggiunto più volte in successione, con conseguente perdita di diverse migliaia di dollari. Guardando più da vicino questo periodo nel grafico (tra il 24 e il 28 Agosto 2015), questo è esattamente il momento in cui ha avuto luogo un piccolo incidente negli indici americani. Spero sia chiaro che un trader responsabile non avrebbe bloccato una posizione long per cinque volte consecutive in tali circostanze.

Se qualche lettore non crede che si possa davvero sviluppare un sistema di trading con un tasso di successo del 95%, che è redditizio nel lungo termine, consiglio di consultare i trade del 4 gennaio 2017.

Figura 15: Trade del 4 Gennaio 2017

04.01.17 Wed 01:59	Long	1	2253.25	0.00		
04.01.17 Wed 02:09	close Long (Profit Target 2253.75)	1	2253.75	0.00	25.00	168212.50
04.01.17 Wed 02:09	Long	1	2253.75	0.00		
04.01.17 Wed 02:29	close Long (Profit Target 2254.25)	1	2254.25	0.00	25.00	168237.50
04.01.17 Wed 02:29	Long	1	2254.50	0.00		
04.01.17 Wed 04:44	close Long (Profit Target 2255.00)	1	2255.00	0.00	25.00	168262.50
04.01.17 Wed 04:44	Long	1	2255.25	0.00		
04.01.17 Wed 05:59	close Long (Profit Target 2255.75)	1	2255.75	0.00	25.00	168287.50
04.01.17 Wed 05:59	Long	1	2255.75	0.00		
04.01.17 Wed 10:49	close Long (Profit Target 2256.25)	1	2256.25	0.00	25.00	168312.50
04.01.17 Wed 10:49	Long	1	2255.75	0.00		
04.01.17 Wed 10:54	close Long (Profit Target 2256.25)	1	2256.25	0.00	25.00	168337.50
04.01.17 Wed 10:54	Long	1	2256.25	0.00		
04.01.17 Wed 10:59	close Long (Profit Target 2256.75)	1	2256.75	0.00	25.00	168362.50
04.01.17 Wed 10:59	Long	1	2255.75	0.00		
04.01.17 Wed 11:04	close Long (Profit Target 2256.25)	1	2256.25	0.00	25.00	168387.50
04.01.17 Wed 11:04	Long	1	2256.75	0.00		
04.01.17 Wed 13:59	close Long (Profit Target 2257.25)	1	2257.25	0.00	25.00	168412.50
04.01.17 Wed 13:59	Long	1	2257.25	0.00		
04.01.17 Wed 14:04	close Long (Profit Target 2257.75)	1	2257.75	0.00	25.00	168437.50
04.01.17 Wed 14:04	Long	1	2257.75	0.00		
04.01.17 Wed 14:19	close Long (Profit Target 2258.25)	1	2258.25	0.00	25.00	168462.50
04.01.17 Wed 14:19	Long	1	2258.00	0.00		
04.01.17 Wed 14:29	close Long (Profit Target 2258.50)	1	2258.50	0.00	25.00	168487.50
04.01.17 Wed 14:29	Long	1	2258.00	0.00		
04.01.17 Wed 15:34	close Long (Profit Target 2258.50)	1	2258.50	0.00	25.00	168512.50
04.01.17 Wed 15:34	Long	1	2261.50	0.00		
04.01.17 Wed 15:39	close Long (Profit Target 2262.00)	1	2262.00	0.00	25.00	168537.50
04.01.17 Wed 15:39	Long	1	2259.50	0.00		
04.01.17 Wed 15:44	close Long (Profit Target 2260.00)	1	2260.00	0.00	25.00	168562.50
04.01.17 Wed 15:44	Long	1	2259.50	0.00		
04.01.17 Wed 15:49	close Long (Profit Target 2260.00)	1	2260.00	0.00	25.00	168587.50
04.01.17 Wed 15:49	Long	1	2260.25	0.00		
04.01.17 Wed 15:54	close Long (Profit Target 2260.75)	1	2260.75	0.00	25.00	168612.50
04.01.17 Wed 15:54	Long	1	2261.50	0.00		
04.01.17 Wed 16:04	close Long (Profit Target 2262.00)	1	2262.00	0.00	25.00	168637.50
04.01.17 Wed 16:04	Long	1	2262.00	0.00		
04.01.17 Wed 16:09	close Long (Profit Target 2262.50)	1	2262.50	0.00	25.00	168662.50

Questa figura illustra i vantaggi di questo sistema di trading. Di solito le vincite si raggiungono con grande facilità. Questo avviene anche senza il trader.

Tale sistema risolve esattamente ciò che intendo quando dico che gli operatori dovrebbero essere attivi solo in borsa per un motivo: raccogliere il maggior numero di ticks, pips o punti possibile nel più breve tempo possibile. Se un trader fa lo sforzo di andare in un posto così folle, dovrebbe essere per nessun altro motivo se non il fare soldi: permanentemente, continuamente e costantemente.

Ciò dimostra che un trader non deve passare il suo tempo con l'analisi infinita. Questo può effettivamente soddisfare la sua curiosità intellettuale, però di solito non riempie le tasche. So che gli operatori ben intenzionati o i coach di trading sostengono di essere disciplinati e di gestire i trade con un rapporto di rischio rendimento ad alto rischio. D'altra parte, tuttavia, gli studi scientifici dimostrano molto bene che abbiamo solo una limitata quantità di forza di volontà (disciplina). Se questa quantità limitata è esaurita, siamo molto felici di essere distratti e non vogliamo ciò che questi allenatori vogliono che facciamo. Lo si può paragonare ad un muscolo la cui forza diventa sempre meno intensa dopo l'allenamento per qualche minuto.

Se i trader usano tutta la loro forza e la concentrazione alla caccia dei profitti, non resta molto per il controllo delle perdite. Se d'altra parte si lascia che un sistema automatizzato generi il trade vincente, sarebbe invece meglio dedicarsi alla gestione di alcuni trade in perdita. In sintesi, questo è tutto ciò che conta quando si tratta di trading.

Conclusione

Non ho pubblicato la strategia presentata, così che il lettore possa utilizzarla per fare trading, in modo completamente automatico o semi-automatico. Inoltre, i back test non garantiscono che i risultati ottenuti in passato possano essere raggiunti in futuro.

Ogni trader che testa una strategia deve essere sempre consapevole del fatto che un test è un test. Niente di più, ma neanche niente di meno. Se anche i risultati della strategia sono "buoni", ciò non significa che ciascun operatore può conseguire un rendimento simile. I mercati sono in continua evoluzione, e la curva di apprendimento di un trader ha un ruolo decisivo nel determinare se una strategia è redditizia o meno.

In questo libro, mi sono occupato principalmente di esaminare alcune affermazioni che fanno la maggior parte dei libri di trading. Sono consapevole che mettere in discussione tali conoscenze apparentemente consolidate non è sempre attraente e può provocare una serie di critiche. Tuttavia, ho raggiunto il mio obiettivo. Che cosa c'è meglio di una scena di trading dinamica, pronta in qualsiasi momento a mettere in discussione se stessi ed esplorare nuovi orizzonti di trading?

Vi auguro un grande successo con il vostro trading!

Heikin Ashi Trader

È possibile contattare l'autore al seguente indirizzo di posta elettronica: pdevaere@yahoo.de

Glossario

Trading automatico o algoritmico: Indica il trading automatico dei titoli attraverso i programmi del computer.

Back test: Identifica il processo di valutazione di una strategia applicando i dati storici.

Sistema black box: I programmi per computer che consentono di automatizzare il trading dei titoli ma che non devono essere visti o conosciuti dall'utente per utilizzare il sistema.

Breakeven: Il punto in cui costi e ricavi si eguagliano.

Broker: Una società finanziaria fornitrice di servizi che è responsabile dell'esecuzione degli ordini di compravendita dei clienti.

Bund Future: Termine tedesco riferito ad un contratto con sottostante un titolo di Stato tedesco federale a lunga scadenza con un coupon del 6 percento e una scadenza di 10 anni.

Candlestick: Metodo di rappresentazione delle variazioni dei prezzi, basata su una tecnica di analisi giapponese.

Commissioni: Le spese sostenute per l'acquisto e la vendita di contratti di titoli o future.

Modello di continuazione: Pausa nel trend principale, al termine del quale si riprende la direzione precedente.

Incrocio Medie Mobili: Strategia basata sull'incrocio di due indicatori standard (media mobile).

Adattamento della curva: Adattamento dei parametri sulla base dei parametri storici.

DAX: Indice azionario tedesco

Trading Giornaliero: Strategia di trading di breve periodo sui titoli sottostanti. Le posizioni sono aperte e chiuse sempre nella stessa giornata beneficiando delle basse fluttuazioni dei prezzi.

Trading discrezionale: Approccio di trading basato sull'analisi soggettiva dei processi di un trader

Drawdown: La massima perdita di valore conseguita prima di ritornare al valore iniziale.

E-Mini Futures: Contratti futures sull'indice americano S&P500.

Entry Strategy: Strategia che determina l'entrata nel mercato.

Curva dei Profitti: Curva delle performance

Indice azionario: Indicatore rappresentativo del prezzo del mercato azionario inteso nel suo complesso o in modo individuale (per esempio, Dow Jones).

Eurostoxx50 Future: Future sull'indice azionario europeo che contiene 50 grandi compagnie dell'Eurozona.

Exit Strategy: Strategia che determina l'uscita dal mercato.

Aspettativa: Indica la media dei risultati quando l'esperimento si ripete all'infinito

Forex: Il mercato in cui vengono scambiate le valute.

Futures: Contratto Futures. Contratto standardizzato per comprare o vendere una specifica quantità di un sottostante ad un determinato prezzo, in una data specifica.

Gap: un divario tra due giorni di trading.

Heikin Ashi: Rappresentazione giapponese dell'"equilibrio su un piede" delle variazioni dei prezzi.

Percentuale di Successo: Descrive il rapporto tra I trade in profitto e quelli in perdita

Indicatore: Indice di analisi tecnica, progettato per aiutare nella previsione dei movimenti dei prezzi dei titoli.

Curva d'apprendimento: Descrive il tasso di successo dell'apprendimento durante il corso del trading.

Liquidità: Descrive la misura in cui un titolo può essere venduto e comprato in un dato momento.

Long: Essere Long; aver acquistato titoli e, quindi, essere il proprietario dei titoli.

Solo Long: Impostazione dei parametri per cui vengono aperte nel sistema solo le posizioni long .

Long / Short: Impostazione dei parametri che apre entrambe le posizioni long e short nel sistema

Mean-reversion: La tendenza di un mercato finanziario a tornare verso la media dopo aver toccato una posizione estrema.

Money Management: Gestione del denaro, riferita a una strategia che mira a controllare il rischio del portafoglio titoli determinando le dimensioni adeguate delle singole posizioni di trading.

Media mobile: Media mobile, indicatore.

Ottimizzazione: Processo matematico che tenta di ottenere parametri ottimali in un sistema complesso.

Istogramma della Performance: Misura della performance per un dato periodo di trading.

Pip: La più piccola variazione di prezzo che un dato tasso di cambio può effettuare.

Obiettivo di Prezzo: Prezzo del mercato azionario che un sottostante deve raggiungere secondo le previsioni dell'analisi.

Fattore profitto: Figura che divide il profitto totale dalla perdita totale.

Ritracciamento: Una temporanea inversione che va contro al trend prevalente.

Gestione del rischio: Include tutto le misure volte in modo sistematico ad identificare, analizzare, gestire, monitorare e controllare il rischio.

Rapporto rischio rendimento (RRR): L'RRR funziona come un indicatore della significatività del trade. Si calcola dividendo l'aspettativa di profitto per la massima perdita possibile (stop loss) .

Round turn: Transazione completata in cui un titolo è stato acquistato e poi rivenduto.

Scalping: Tecnica di trading con la quale il trader opera tramite movimenti minimi sul mercato.

Trading semi-automatico: Approccio di trading in cui il trader prende una decisione parzialmente basata su un sistema automatico e parzialmente in modo manuale.

Posizione Short: Un trader è short quando vende una posizione senza possederla (vendita short).

Slippage: La differenza tra la stima e il prezzo effettivo di un asset in fase di eseguito.

S&P 500 (Standard & Poors 500): Indice azionario che comprende le azioni di 500 fra le più grandi società quotate degli Stati Uniti.

Ordine Stop Loss: Ordine di vendita che viene eseguito al raggiungimento di un certo prezzo.

Ordine Take Profit: Un ordine Take Profit viene utilizzato quando il mercato raggiunge il tasso di profitto desiderato.

Tic: Variazione minima del prezzo su mercato future.

Time Stop: Ordine che automaticamente chiude una posizione dopo un numero predefinito di periodi.

Trading range: Area di prezzo in cui un mercato è scambiato in un determinato periodo di tempo (un giorno, una settimana, vari mesi)

Trailing Stop: Un ordine automatico di stop loss che segue il prezzo a valori predefiniti.

Trend Following: Strategia di trading che si concentra sul seguire un trend una volta identificato.

USD/JPY: Tasso di cambio fra il dollaro Americano e lo Yen Giapponese

Volatilità: Deviazione standard. Specifica come varia il prezzo di un sottostante.

Altri Libri di Heikin Ashi Trader su Amazon

Come avviare un'Attività Redditizia nel Trading con €500

Molti nuovi operatori hanno poco capitale disponibile all'inizio, ma questo non è comunque un ostacolo per iniziare una carriera di trading.

Tuttavia, questo libro non vi dirà come far diventare un conto da €500 in uno da €500.000. Sono proprio queste aspettative esagerate di rendimento che portano la maggior parte dei principianti al fallimento.

Invece, l'autore ci mostra, in modo realistico, come si può diventare un trader a tempo pieno a dispetto di un capitale iniziale limitato. Questo vale sia per i trader che vogliono rimanere privati, sia per coloro che vogliono col tempo arrivare a fare trading con i fondi dei clienti.

Questo libro mostra passo per passo come fare. Inoltre, vi è un piano d'azione concreto per ogni passaggio. Chiunque può essere un trader in linea di principio, se è disposto ad imparare come funziona questo business.

Contenuti

1. Come Diventare un Trader con soli €500 a Disposizione?

2. Come Acquisire Buone Abitudini di Trading?

3. Come Diventare un Trader Disciplinato

4. La Fiaba dell'Interesse Composto

5. Come fare Trading su un Conto da €500?

6. Social Trading

7. Parlate con il Vostro Broker

8. Come Diventare un Trader professionista?

9. Trading per un Hedge Fund

10. Imparate a fare Rete

11. Diventare un Trader Professionista in Sette Passi

12. €500 sono un Sacco di Soldi

Come fare Scalping sui Futures Mini DAX?

Grazie all'introduzione dei futures Mini-DAX (FDXM) gli operatori privati con i conti più piccoli hanno l'opportunità di fare scalping sull'Indice Tedesco DAX in termini professionali. A differenza di molti altri strumenti di trading, i futures sono il modo più trasparente ed efficace per fare soldi nei mercati finanziari.

Gli scalper hanno opportunità di trading infinitamente maggiori rispetto ai trader di posizione o giornalieri, che costituiscono il vero punto di forza di questo stile di trading. Uno scalper può quindi gestire il suo capitale in modo molto più efficace di tutti gli altri operatori del mercato e, quindi, ottenere rendimenti decisamente maggiori.

Heikin Ashi Trader mostra in questo libro come fare scalping con successo su questo nuovo future DAX. Imparerete come entrare nel mercato, come gestire la vostra posizione e qual è il punto in cui si deve tornare indietro. Inoltre, il libro contiene una vasta gamma di suggerimenti e strumenti per rendere il vostro trading ancora più efficace e preciso.

Sommario

12. Quando fare Scalping sul Future Mini-DAX (e Quando Non Farlo)

13. Strumenti Utili per gli Scalpers

A. Piazzare Ordini

B. Aprire e Chiudere Ordini

C. Gestire Ordini Aperti

D. Il Trailing Stop come Strumento di Massimizzazione del Profitto

14. Vari Ordini-Stop

A. Il Fix Stop

B. Il Trailing Stop

C. Il Linear Stop

D. Il Time Stop

E. Il Parabolic Stop

F. Ordini Link Stop

Sull'Autore

Heikin Ashi Trader è lo pseudonimo di un trader che possiede più di 15 anni di esperienza nel trading giornaliero sui futures e sui mercati esteri. Si è specializzato in scalping e day trading veloce. In aggiunta a questo, ha pubblicato vari libri auto-esplicativi sulle sue attività di trading. Gli argomenti più popolari sono: scalping, swing trading, gestione del denaro e del rischio.

Stampa

Per il contenuto delle pagine Internet stampate in questo libro, gli operatori delle rispettive pagine internet sono gli unici responsabili.

Prima edizione 2017

Testo: © Copyright di Heikin Ashi Trader
12 Carrer Italia, 5B

03003 Alicante, Spain